Qualité des institutions et résultats économiques en République démocratique du Congo 1980 – 2015

MATATA PONYO Mapon

QUALITE DES INSTITUTIONS ET RESULTATS ECONOMIQUES EN REPUBLIQUE DEMOCRATIQUE DU CONGO 1980 – 2015

Préface d'Omer TSHIUNZA Mbiye

L'Harmattan

5-7, rue de l'École-Polytechnique ; 75005 Paris
http://www.harmattan.fr
diffusion.harmattan@wanadoo.fr
ISBN : 978-2-343-09662-9
EAN : 9782343096629

Dédicace

A mon épouse, Hortense Kachoko Mbonda,

A mes enfants, Gracia Yohali Matata
Noella Fatuma Matata
Sarah Rose Mwayuma Matata
Mapon Matata

Préface

La question de la mise en œuvre des politiques publiques reste toujours préoccupante tant au niveau des pays développés qu'à celui des pays en développement. Ceci tient au fait que plusieurs facteurs concourent à l'atteinte des résultats escomptés. Dans certains cas, les contre-performances sont dues à la mauvaise définition des politiques, dans d'autres elles résultent de la mise en application défaillante des mesures. Il est cependant possible de rencontrer des situations dans lesquelles les fondements même du processus d'élaboration des politiques publiques font défaut. Cette situation résulte aussi bien de la qualité des institutions censées concevoir les politiques en cause que de la mauvaise vision de celui ou de ceux qui sont appelés à déterminer la voie à suivre ou la trajectoire à parcourir.

Par ailleurs, si des progrès ont été observés dans la conception et la mise en œuvre des politiques publiques et de développement, le problème de fonds, tel que le démontre la littérature contemporaine, se situe au niveau de la qualité des institutions, notamment par la volonté de mettre en place des bonnes règles, la qualité et la pertinence des règles à observer ainsi que la volonté et la capacité à faire respecter ces règles. A la suite des travaux de North, Alesina, Acemoglu, Robinson, ..., il est de plus en plus mis en exergue l'aptitude avec laquelle les décideurs ou les gouvernements des pays devraient assurer le pilotage des affaires publiques et promouvoir le développement.

Le présent ouvrage, que nous propose MATATA PONYO Mapon, s'inscrit dans cette logique. Avec un style agréable à la lecture sur fond d'une analyse empirique rigoureuse, l'auteur donne une illustration riche des faits historiques par rapport à l'évolution de la situation socioéconomique désastreuse que la République démocratique du Congo (RDC) a connue durant la période indiquée (au début des années 1980 et à la fin des années 1990/début des années 2000). La raison principale évoquée était la déliquescence de l'Etat qui n'arrivait plus à assurer ses fonctions essentielles. En effet, la mauvaise gouvernance qui a élu domicile en RDC, surtout à l'époque du Zaïre, a eu une incidence négative sur le fonctionnement de l'économie.

Ainsi, la non-observance des règles en matière de gestion efficiente des finances publiques a conduit le pays à une situation de déficit public quasi structurel dont la résorption se faisait presqu'exclusivement par un recours récurrent au financement monétaire de la Banque Centrale. De ce fait, l'accommodation de la politique monétaire à la politique budgétaire a été instituée et a largement contribué à la détérioration du cadre macroéconomique.

Par ailleurs, les conflits armés, qui ont secoué le pays pendant plusieurs années, ont affecté doublement la marche de l'économie congolaise. D'une part, ils ont contribué à l'affaiblissement des institutions et, d'autre part, ils ont contribué à l'arrêt des activités de production dans certaines parties du pays et à la baisse du taux d'investissement aussi bien privé que public. La baisse de l'indice de confiance des potentiels investisseurs était due entre autre à la situation politico-sécuritaire fragile du pays. Les effets d'éviction des dépenses militaires ou sécuritaires sur les secteurs sociaux de base et sur celui des infrastructures ont sinon limité du moins réduit le potentiel de croissance de l'économie. Ainsi, il était impérieux de mener des politiques publiques courageuses pour mettre un terme auxdits conflits et préparer l'armée et la police à jouer pleinement le rôle qui leur est dévolu. Aussi, MATATA PONYO Mapon l'indique-t-il si bien et en montre l'incidence sur l'économie.

Et comme une innovation apportée à cet effet, l'auteur propose un indice mesurant la qualité des institutions publiques de la République démocratique du Congo que d'aucuns pourraient qualifier d'« indice MATATA ». Ce dernier se fonde essentiellement sur huit éléments qui permettent de rendre compte de la qualité des institutions et de leur mode de gouvernance. Il s'agit notamment de la stabilité institutionnelle, du risque-pays, de la puissance de l'Etat, de la capacité de l'Etat à offrir les biens publics, de l'efficacité de l'administration fiscale, de la qualité des politiques macroéconomiques, de la protection des droits de propriété et de la confiance dans le système financier national. Sans doute, l'indice MATATA pourrait servir pour d'autres études et même être pris en charge dans le système statistique officiel du pays pour permettre au gouvernement congolais de suivre ses performances au plan de la réforme des institutions. Il est également utile de souligner que MATATA PONYO Mapon ouvre la voie à de nouvelles pistes de réflexion du fait qu'il indique – à partir de son analyse empirique – le sens de la causalité [au sens de Granger] respectivement entre la croissance économique et les institutions, l'investissement et les institutions, et le capital humain et les institutions.

Pour ma part, je recommande vivement la lecture de cet ouvrage à toutes les personnes qui souhaiteraient bien comprendre dans quelle mesure les faiblesses institutionnelles sont susceptibles d'expliquer les contre-performances économiques, en se basant sur l'expérience de la République démocratique du Congo. Cet ouvrage montre également que les réformes institutionnelles devraient continuer à occuper une place de choix dans les politiques que le gouvernement est en train de mettre en œuvre pour rompre d'avec les expériences du passé, et préparer ainsi le pays à un décollage continu et soutenu.

Prof. Omer TSHIUNZA Mbiye

Avant-propos

Ce livre est le prolongement de la réflexion menée dans le cadre aussi bien de la leçon académique exposée lors de l'obtention de mon titre de Docteur HONORIS CAUSA que de mon mémoire DEA (Diplôme d'études approfondies). Il sanctionne le couronnement de mes recherches sur le rôle de l'Etat ou des institutions dans le développement économique. Sa rédaction répond aux préoccupations qui ont retenu mon attention en tant qu'économiste, chercheur et homme d'action.

En effet, mon attention a longtemps été retenue par le retard économique que connaissent certains pays en développement, notamment la République Démocratique du Congo (RDC) par rapport aux pays développés (ou industrialisés) alors que les expériences vécues par ces derniers auraient dû normalement leur servir de référence dans la conception et la mise en œuvre de leurs politiques ou programmes de développement. Je me suis ainsi proposé de discuter de la place des institutions étatiques dans la marche de l'économie congolaise.

Mon propos – dans ce livre – est de rendre compte du rôle joué par les institutions dans la dynamique de l'économie de la RDC, de 1980 à 2014/2015. Si la croissance économique se nourrit essentiellement du capital humain, physique et technologique, il est important de s'assurer que le pays ou la société soit à même de les fournir dans les meilleures conditions. Cela m'a amené à analyser la dynamique de l'économie congolaise et à la mettre en parallèle avec la situation politico-institutionnelle et même sécuritaire du pays. De même, il m'a semblé important d'interroger les modes de gestion publique afin de mettre en évidence les vrais facteurs qui sont à la base des contre-performances de l'économie congolaise de 1980 à 2001, et de la reprise amorcée depuis 2002 ainsi que de la consolidation des progrès, à partir de 2010.

Le mémoire dont ce livre tire sa source, a été rédigé sous la direction du Professeur François Kabuya Kalala. En effet, ce dernier m'a fait profiter de son savoir et de sa rigueur et a suivi avec autant d'attention que d'intérêt la rédaction de cette dissertation. Aussi, ses observations pertinentes et ses conseils avisés m'ont-ils été d'un grand concours. Puissent donc les différents professeurs qui ont participé au jury de soutenance de mon mémoire d'études approfondies trouver ici l'expression de ma reconnaissance pour leurs avis et leurs remarques qui m'ont permis d'enrichir mon mémoire et de produire ce livre.

Je tiens, enfin, à exprimer toute ma sollicitude à l'endroit de mes collègues de promotion avec qui nous avons eu à partager des moments intenses de discussions autour des différents cours suivis ensemble ainsi que travaux pratiques réalisés en équipe. Que toutes les personnes qui m'ont prêté main forte dans la collecte des données et dans la mise en forme du texte trouvent ici l'expression de ma reconnaissance.

MATATA PONYO Mapon

Liste des abréviations

- AD : Administrateur
- ADF : Administrateur directeur financier
- ADG : Administrateur délégué général
- ADGA : Administrateur délégué général adjoint
- ADT : Administrateur directeur technique
- AFDL : Alliance des forces démocratiques pour la libération du Congo
- ANI : Agence nationale d'investigation
- AP : Administration publique
- BAD : Banque africaine de développement
- BCC : Banque centrale du Congo
- BCECO : Bureau central de coordination
- BSRS : Brigade spéciale de recherche et de surveillance
- CADER : Brigades disciplinaires du corps des activistes pour la défense de la révolution
- C/C : Commissaire aux comptes
- CAP : Cadre d'assistance pays
- CIAT : Comité international d'accompagnement de la transition
- LAC : Lignes aériennes congolaises
- CNS : Conférence nationale souveraine
- CSP : Conseil supérieur du portefeuille
- COPIREP : Comité de pilotage de la réforme des entreprises publiques
- CPCAI : Comité de pilotage pour l'assainissement du climat des affaires
- CTR : Comité technique de suivi des réformes
- DGDA : Direction générale des douanes et accises
- DGI : Direction générale des impôts
- DGRAD : Direction générale des recettes administratives et domaniales
- DSP : Division spéciale de la garde présidentielle

- DTS : Droits de tirages spéciaux
- ENA : Ecole nationale d'administration
- ETD : Entité territoriale décentralisée
- FMI : Fonds monétaire international
- FARDC : Forces armées de la RDC
- FAS : Forces d'action spéciale
- GACI : Garde civile
- GMM : Méthode des moments généralisés
- HCR-PT : Haut conseil de la République-Parlement de transition
- IGF : Inspection générale des finances
- IRDC : International rescue commette
- JMPR : Jeunesse du MPR
- KDI : Korean Development Institute
- MLC : Mouvement de libération du Congo
- MPR : Mouvement populaire de la révolution
- NEI : Nouvelle économie institutionnelle
- OBMA : Office des biens mal acquis
- ONU : Organisation des Nations-Unies
- ONG : Organisations non-gouvernementales
- PALU : Parti lumumbiste unifié
- PED : Pays en développement
- PCA : Président du conseil d'administration
- PIB : Produit intérieur brut
- PNC : Police nationale congolaise
- PPP : Partenariat public – privé
- PPRD : Parti du peuple pour la reconstruction et le développement
- PNUD : Programme des Nations-Unies pour le développement
- RCD : Rassemblement congolais pour la démocratie
- RDC : République démocratique du Congo
- Régideso : Régie de distribution des eaux
- RVA : Régie des voies aériennes
- SCTP : Société congolaise des transports et des ports
- SARM : Service d'action et de renseignements militaires

- SNIP : Service national d'intelligence et de protection
- SNCC : Société nationale des chemins de fer du Congo
- SNEL : Société nationale d'électricité
- UDPS : Union pour la démocratie et le progrès social
- UNESCO : Organisation des Nations-Unies pour l'éducation
- USD : Dollar américain

Introduction

Après s'être confrontés à la nécessité de l'intervention de l'Etat, les économistes ont longuement discuté des modalités de l'interventionnisme. Pendant que certains, à la suite de Keynes, pensaient qu'il fallait utiliser la politique budgétaire pour réguler l'activité économique et relancer la croissance, d'autres, suivant Friedman, ont plutôt soutenu qu'il fallait utiliser la politique monétaire. Au-delà de cette opposition de vues, un consensus est né sur la nécessité de combiner les différents instruments de la politique économique et d'en faire un bon dosage, selon le type de problème à résoudre, pour obtenir des résultats escomptés.

Pour leur part, les théories de la croissance endogène [développées par Romer (1986, 1990), Lucas (1988), Barro (1990), ...] ont confirmé la nécessité de faire intervenir l'Etat dans le déroulement de la croissance économique. En montrant que la protection des droits de propriété, la primauté du droit et les dépenses en capital de l'Etat sont des facteurs importants pour la croissance économique, les modèles de croissance endogène ont donné de nouveaux fondements théoriques à l'intervention de l'Etat dans l'économie.

Compte tenu des effets disparates des politiques de développement menées dans différents pays ainsi que des écarts internationaux de niveau de vie, certains analystes estiment, à la suite de North (1990), que le succès de la mise en œuvre des politiques publiques dépendrait du contexte même de leur mise en exécution en particulier de la qualité des institutions (politiques et économiques) qui en ont la charge. Nombreux sont ceux qui soutiennent que le type de gouvernance affiché par les décideurs politiques ou les animateurs des institutions serait un déterminant des progrès économiques [Barro (1996), Clague et al. (1996), Alesina – Perotti (1996), Rodrik (1999),...].

Ainsi, si la mise en œuvre des politiques publiques ne donne pas lieu à de bons résultats, l'on peut se demander si ces politiques ont été bien conçues et bien exécutées. On peut également se demander si ce ne sont pas les institutions chargées de leur mise en œuvre qui posent problème. Si c'est cette dernière hypothèse qui se vérifie, il y aurait nécessité de procéder à des réformes institutionnelles profondes pour donner à l'économie un nouveau visage et aux décideurs politiques les vrais moyens de leurs actions pour en garantir l'efficacité.

D'après Acemoglu (2003), certaines sociétés sont dotées de bonnes institutions qui encouragent l'investissement dans l'équipement, le capital humain et les technologies performantes et, en conséquence, elles prospèrent d'un point de vue économique. En effet, de bonnes institutions garantissent le respect des droits de propriété à une grande partie de la population et incitent une large palette d'individus à investir et à participer à la vie économique. En limitant l'action des élites, des politiciens et des groupes puissants, les institutions les empêchent de s'approprier les revenus ou les investissements d'autrui ou de fausser les règles de jeu. Enfin, en promouvant l'égalité des chances pour de vastes pans de la société, elles encouragent l'investissement, notamment dans le capital humain, et la participation à la production.

Selon Edison (2003), la qualité des institutions influe de manière significative non seulement sur le revenu, mais aussi sur la croissance et sa stabilité. Ainsi, plus grande est la qualité des institutions, moins instable sera la croissance économique. De manière générale, le lien entre les institutions et l'action des pouvoirs publics semble indiquer qu'une action avisée doit être appuyée par de bonnes institutions, tandis que des institutions défaillantes réduisent peut-être les chances qu'une politique avisée soit adoptée, ou compromettent peut-être son efficacité sur les résultats économiques.

En ce qui concerne la République Démocratique du Congo (RDC), elle a, au cours des décennies 1980 et 1990, mis en œuvre plusieurs programmes de stabilisation et de relance économique sans en obtenir gain de cause. La plupart des actions envisagées dans ce cadre n'ont pas donné lieu aux résultats escomptés alors que du point de vue de leur conception, ces différents plans et programmes n'étaient pas tous mal élaborés. Durant la décennie 1990, les indicateurs macroéconomiques du pays étaient tous au rouge : le PIB avait fortement reculé (avec un taux moyen annuel de 5 %) ; l'hyperinflation était au rendez-vous (avec une inflation moyenne de 665 % entre 1988 et 2001) ; la monnaie nationale avait perdu la quasi-totalité de sa valeur et ne remplissait plus toutes ses fonctions. Ce qui a ainsi entrainé la dollarisation de l'économie.

Suivant Acemoglu – Jonhson – Robinson (2003), un tel état de choses tiendrait en grande partie à la faible qualité des institutions des pays qui ont mis sur pied un système de prédation basé sur la mauvaise gouvernance économique et politique ainsi que sur la violation des droits de l'homme. La conduite de la politique économique n'y a pas été souvent envisagée en tenant compte des attentes de la population, véritable détenteur du pouvoir. La recherche de la satisfaction de l'élite au pouvoir l'ayant emporté sur la recherche du bien-être collectif, entraînant en conséquence, des inégalités profondes, lesquelles ont été de nature à conduire à la contestation de l'autorité des préposés de l'Etat et à la révolte.

Les changements politiques intervenus dans le pays à partir de l'année 2001 ont donné lieu à une amélioration des fondamentaux de l'économie et à un retour à la croissance. Au fil des années, ces performances économiques se sont consolidées grâce aux différentes réformes et différentes politiques préconisées. Quoique très extravertie, l'économie congolaise a pu résister au choc provoqué par la crise économico-financière internationale de 2008-2009. En entraînant un resserrement des marchés mondiaux et une baisse assez importante des cours des matières premières, la crise avait porté un coup fatal au secteur minier, principal levier de la croissance économique du pays. Néanmoins, de 2010 à 2015, la situation économique de la RDC a été marquée par une forte croissance (avec un taux moyen d'environ 8 %), supérieure à la moyenne africaine, sur fond d'une faible inflation et d'un taux de change relativement stable.

Au regard du renversement de tendance observé en RDC à partir de 2001-2002, il y a lieu de se demander si les institutions n'ont pas joué sur les récents progrès économiques du pays. Compte tenu des avancées enregistrées au plan politico-sécuritaire (normalisation de la situation sécuritaire à l'Est du pays et résolution de la crise de légitimité des dirigeants, grâce à la tenue des élections en 2006 et 2011) et de l'importance des réformes mises en œuvre dans plusieurs domaines de la vie nationale, on peut avancer l'hypothèse selon laquelle l'amélioration de la qualité des institutions ou le mode de gouvernance des nouveaux dirigeants du pays aient porté des fruits.

Il sera donc question, dans cet ouvrage, de discuter du rôle des institutions ou de l'effet de leur qualité sur les résultats économiques de la RDC de 1980 à 2014. Mais pour bien se positionner dans le temps, nous avons jeté un regard sur la situation du pays avant l'année 1980. L'étude trouve son intérêt dans le fait que le pays a connu plusieurs chocs et changements politico-institutionnels du début des années 1990 à ce jour, et pendant cette même période, son économie est successivement passée d'une évolution en dents de scie (1980 – 1989) à une situation de dépression (1990 – 2001) avant d'aboutir à une situation de croissance soutenue (2002 – 2015). Cette étude nous permettra également de discuter de la pertinence des réformes politico-institutionnelles récemment envisagées par le gouvernement de la république ainsi que de leurs impacts sur les résultats économiques du pays. Dans cette perspective, le livre comporte quatre parties dont les contenus se présentent comme suit.

Dans la première partie, il sera question de fixer les vues sur la relation qui existe entre les institutions et le progrès économique. Une revue de la littérature renseignant aussi bien sur les avis théoriques en la matière que sur les conclusions de certains travaux empiriques sera présentée (chapitre 1). Grâce à cette revue de la littérature, nous fixerons les contours de notre recherche en précisant en premier lieu le problème de fonds, puis en déterminant en second lieu les objectifs poursuivis, et enfin en formulant les hypothèses cadrant avec l'objet de recherche (chapitre 2). Aussi, nous donnerons des indications sur la méthodologie retenue pour mener notre réflexion (chapitre 3). Enfin, nous vérifierons, de manière empirique, la relation existant entre la qualité des institutions et le développement économique en RDC (chapitre 4). Cette démarche comportera deux étapes consistant respectivement en la présentation du modèle économétrique envisagé ; puis en l'estimation dudit modèle, en la vérification des hypothèses avancées et en l'énonciation des recommandations pertinentes qui en découlent.

La deuxième partie procède à l'évaluation de l'État en RDC. Cette évaluation s'articulera essentiellement autour de quatre principaux axes de réflexion, à savoir : Autorité et Société (chapitre 1); Provision de la Sécurité matérielle (chapitre 2) ; Sécurité et Justice (chapitre 3) ; et Contrôle de Gestion publique (chapitre 4). L'examen approfondi de ces points permettra dès lors de répondre à la question fondamentale de notre étude, à savoir, la RDC est-elle dotée des institutions fortes, c'est-à-dire celles qui sont favorables au développement ? Ou, au contraire elle est pourvue des institutions faibles qui ne peuvent que freiner le progrès et maintenir le pays dans le cercle vicieux de la pauvreté ?

Dans la troisième et dernière partie, il sera question d'examiner les conditions à créer sinon les préalables à observer pour assurer la refondation de l'État et le renforcement de son efficacité dans le pays. Cette tâche s'articulera autour de trois aspects suivants : Réformes des Institutions publiques (chapitre 1) ; Réformes des organes économiques (chapitre 2) ; et Réexamen de la Coopération bilatérale et multilatérale (chapitre 3).

Première partie

Revue de la littérature, formulation et vérification des hypothèses

Chapitre 1
Revue de la littérature

Ce chapitre propose un panorama général de la littérature aussi bien théorique qu'empirique consacrée à la relation qualité des institutions – performances économiques. En ce qui concerne particulièrement la littérature empirique, nous dirons un mot sur les cadres analytiques, les outils et les données ayant soutenu les différentes réflexions car ceux-ci exercent souvent une influence sur la nature et la robustesse des conclusions tirées. Cela nous permettra aussi de bien justifier notre approche méthodologique.

1.1. Revue de la littérature théorique

Au regard des inégalités internationales de développement et des disparités des résultats obtenus après la mise en œuvre de certaines politiques publiques, particulièrement celles découlant du consensus de Washington, la littérature accorde de plus en plus de l'importance aux rôles joués par les institutions (politiques et économiques) dans le déroulement de la croissance et le développement économique. Pour plusieurs analystes, les différences de niveau de vie constatées à l'échelle mondiale s'expliqueraient par la qualité des institutions. La croissance économique serait forte lorsque les institutions fonctionnent bien ; de même, la croissance serait faible si les institutions sont déficientes. Ainsi, la stabilisation macroéconomique, la libéralisation financière et l'ouverture sur l'extérieur ne sont pas suffisantes pour tirer à elles seules la croissance économique ; il faudrait bien leur adjoindre des réformes institutionnelles.

Par ailleurs en améliorant certaines lois et règles ainsi que leur application, l'on ouvrirait la possibilité de stimuler ou de consolider la croissance économique, surtout dans les pays en développement (PED). Ce regain d'intérêt pour les institutions fait suite aux travaux issus de la nouvelle économie institutionnelle (NEI) dont ceux de North (1990). Depuis, des organismes internationaux comme la Banque africaine de développement (BAD), la Banque mondiale (BM), le Fonds monétaire international (FMI), et le Programme des Nations-Unies pour le développement (PNUD) font largement référence aux explications institutionnelles dans leurs prescriptions ou recommandations, affermissant ainsi l'académisme de cette approche.

La littérature utilise généralement la définition des institutions tel que proposée par North (1990), à savoir : les institutions sont les règles de jeu dans une société, ou plus formellement, ce sont les contraintes humainement conçues pour déterminer les interactions humaines. Ainsi, elles structurent les incitations dans les échanges humains, tant dans le domaine politique qu'économique et social, et ont pour objet de réduire l'incertitude dans le quotidien. Selon Ménard (2003), les institutions sont appréhendées comme les règles sociohistoriques qui fixent les conditions dans lesquelles les choix [collectifs ou individuels] d'allocation et d'utilisation des ressources [rares ou limitées] doivent être opérés.

L'attention portée sur la nature des institutions a ainsi conduit à distinguer les institutions formelles (telles que les règles, les lois, les constitutions) des institutions informelles (telles que des normes de comportement social non écrites, des conventions, des codes de conduite auto-imposés). En ce qui concerne les institutions formelles, elles se subdivisent en institutions économiques et politiques. Les institutions économiques concernent les droits de propriété, l'exécution des contrats et la transparence des marchés, tandis que les institutions politiques comprennent la démocratie, la bureaucratie et la stabilité politique.

Alors que les institutions économiques définissent les règles régissant les interactions économiques, les institutions politiques quant à elles définissent le processus politique et le rôle d'intérêt collectif de l'État [Acemoglu et al. (2005)]. Elles agissent ainsi sur la croissance économique et sur le processus de distribution des ressources. Les institutions politiques résultent du pouvoir politique (*de jure* et *de facto*) qui fixe l'ensemble des institutions qui peuvent émerger dans un pays, lesquelles institutions en retour déterminent la croissance économique et la distribution des richesses compatibles à la distribution du pouvoir politique [Acemoglu – Robinson (2008)]. Il importe de noter que les institutions politiques, en définissant la structure de l'État et le processus politique, façonnent des institutions économiques et en même temps assurent l'exécution de la politique économique. Elles influencent le comportement des hommes politiques, des partis politiques, des électeurs et des groupes d'intérêt, et définissent ce faisant les modalités de création, de modification et d'exécution des institutions [Clague (1997)].

Il revient aux institutions politiques de garantir le respect des règles de droit qui permettent le bon fonctionnement de l'économie : production, échange et consommation des biens et services. Par conséquent, l'État devrait être à la fois suffisamment fort, pour créer et faire respecter les droits de propriété et contraint par l'autorité de la loi de ne pas aller au-delà de certaines limites. Mais cette appréhension des institutions rend complexe la question de leur mesure. Comment apprécier objectivement la qualité des institutions formelles et informelles dans une société ? Comment appréhender, de manière quantifiée, les institutions informelles qui opèrent souvent en marge du système officiel et qui sont très présentes dans les PED ? Toutefois, cela n'empêche pas l'analyse des liens théoriques entre les institutions et les résultats économico-financiers. Dans cette démarche, North explique diverses situations historiques, notamment le développement des marchés financiers, pour montrer que l'environnement institutionnel a un impact important sur le fonctionnement du secteur financier.

Cette idée a été relayée et confirmée par plusieurs travaux. La Porta et al. (1998) soutiennent que les économies dotées d'un système légal efficace, qui facilite les contrats entre les agents privés et garantit les droits de propriété, sont favorables à l'accumulation du capital privé et à l'expansion des marchés financiers. A l'opposé, les économies qui ne disposent pas d'un système légal efficace souffrent d'une faible incitation aux transactions financières. Elles créent également un marché pour des activités non productives, comme la recherche de rente ou la corruption, qui engendrent des coûts de transaction élevés et une mauvaise allocation des ressources. Ainsi, l'amélioration de l'architecture institutionnelle est censée réduire les imperfections du marché. Pour mieux tirer parti de l'ouverture sur l'extérieur et de la libéralisation financière, les économies doivent être renforcées par une infrastructure légale et institutionnelle suffisamment développée et efficace.

Pourquoi alors les économistes croient-ils que les institutions sont indispensables au bon fonctionnement des marchés ? Ils expliquent cela par le fait que la rareté impose de créer des institutions, essentiellement des droits de propriété. Elles ne seraient pas importantes dans un univers exempt de rareté ou d'autres conflits, tandis que dans un univers de rareté dénué de droits de propriété, les échanges ne se produiraient pas, sinon, ils se produiraient exclusivement par la violence, c'est-à-dire selon la loi du plus fort. Et s'il existait des droits de propriété sans droits contractuels, il n'y aurait pas de transaction sur le marché – mais une autarcie paisible avec une protection juridique de la propriété serait envisageable [Borner – Bodmer – Kobler (2004)].

Jerzmanowski (2006) montre quant à lui que les institutions économiques ont un effet positif et significatif sur la croissance économique à travers la protection des investisseurs. Olson et al. (1998), Moers (1999), Acemoglu et al. (2002), Johnson et al., (2002), Rodrik (2005), Acemoglu – Johnson (2005), Efendic et al. (2010), montrent que de bonnes institutions économiques affectent positivement la croissance économique par le biais de l'adoption et la mise en place des innovations qui stimulent la productivité de l'économie. Plusieurs économistes soutiennent l'idée selon laquelle des institutions efficaces seraient une condition nécessaire pour le succès des économies de marché [North (1990), Kaufmann – Kraay – Mastruzzi (2004), Clague – Keefer – Olson (1996), Alesina – Perotti (1996), Acemoglu – Johnson – Robinson (2004), Rodrik – Subramanian – Trebbi (2002), …]. Aussi, les institutions efficaces peuvent-elles contribuer à l'amélioration des résultats économiques et à la réussite des réformes. Elles constituent en effet le seul facteur qui détermine le niveau de développement économique d'un pays.

La nécessité des institutions s'explique aussi par les défaillances de marché, à savoir la présence des externalités [positives et négatives] et l'importance des biens publics. Du fait de ces défaillances, les marchés conduisent des fois à des résultats qui sont socialement indésirables. Pour surmonter ces défaillances, il s'avère important d'avoir des institutions aptes aussi bien à corriger les externalités négatives qu'à promouvoir les externalités positives et à assurer la fourniture des biens publics de manière socialement efficiente. L'incertitude, l'information imparfaite et la rationalité limitée des individus peuvent tout aussi bien constituer une autre source de défaillance. Les êtres humains ne peuvent prévoir tous les états futurs du monde ; les incertitudes sont donc inévitables. Mais la présence des institutions fortes et stables serait donc une garantie pour les agents économiques.

Mais bien au-delà des compréhensions données par ces éminents chercheurs, nous allons, pour des raisons pratiques et par souci de demeurer dans une approche spatio-temporelle, nous focaliser sur des institutions au sens organique. C'est-à-dire aux corps constitués comme démembrement de l'Etat, et qui contribuent à la gestion quotidienne de différentes matières relevant du pouvoir régalien de l'Etat. Il s'agit donc du parlement, du gouvernement, des cours et tribunaux, de l'armée, de la police. Ces institutions que nous qualifions de « *hard* » ont la prééminence dans la mesure où elles ont pour compétence de gérer les institutions que nous appelons « *soft* » (constitutions, droits de propriété, marchés, contrats, ...).

L'État a pour mission de définir et de faire respecter une grande partie des droits de propriété et des droits contractuels. Son comportement a donc une influence décisive sur la qualité des institutions. On peut mieux appréhender cette influence en partant de la distinction entre la puissance et l'engagement de l'État. Pour créer un bon environnement institutionnel, l'État doit être à la fois capable d'assumer cette tâche et être engagé. En d'autres termes, il doit être suffisamment puissant pour élaborer de bonnes lois régissant la propriété et les contrats, et pour les faire respecter sur l'ensemble de son territoire. Aussi devrait-il, lui-même, être scrupuleusement soumis à ces règles.

La force et l'engagement de l'Etat étant interdépendants, certains analystes soutiennent qu'il faudrait avoir un système démocratique pour s'assurer de la qualité des institutions aussi bien politiques qu'économiques. D'autres ont également soutenu l'idée selon laquelle il faudrait garantir le respect des libertés fondamentales pour permettre à l'économie de se développer. D'autres encore ont défendu l'idée selon laquelle la stabilité politique serait une condition nécessaire au bon fonctionnement des institutions et de l'économie. Ils établissent ainsi un lien entre les performances économiques (stabilité macroéconomique et croissance) et la situation politique qui prévaut dans les pays (nature du système politique, instabilité sociopolitique, libertés civiques et politiques, corruption, efficacité de la bureaucratie, ...).

Plusieurs facteurs politiques et institutionnels ont alors été mis en avant, notamment la démocratie par Barro (1991, 1996), le respect des droits de propriété par Clague – Keefer –Olson (1996) et l'instabilité politique par Alesina – Perotti (1994). Ces travaux révèlent l'existence d'une relation positive entre croissance économique, stabilité politique et démocratie. Ils soutiennent que la stabilité politique et la démocratie seraient de nature à favoriser la stabilité macroéconomique, la croissance économique et le bien-être social en ce qu'elles seraient bénéfiques à l'initiative privée et permettraient à la population de constituer des groupes de pression, tout en ayant un regard sur la gouvernance du pays. Ces points de vue ont été également défendus par Murdoch – Sandler (2001), Collier – Hoeffler (2006), Guichard (2008), Acemoglu – Naidu – Robinson – Restrepo (2014).

Appréhendée des fois par la probabilité ou la présence d'une guerre, l'instabilité sociopolitique influence négativement la croissance économique par des ruptures occasionnées dans la production, tout comme dans l'accumulation du capital physique et humain [Fosu (1992), Poirson (1998) et Collier (1999)]. Elle serait de nature à entamer la stabilité du cadre macroéconomique, à gêner la croissance et à compromettre le bien-être social en ce que les conflits affectent négativement la mobilisation des recettes publiques, entraînent une allocation contreproductive des dépenses publiques, détruisent les stocks de capitaux (physique et humain), et jouent négativement sur le processus d'accumulation du capital.

Les conséquences de l'instabilité politique sur le fonctionnement de l'économie sont nombreuses et diffèrent selon qu'il s'agit de l'instabilité politico-institutionnelle ou de la violence politique. En ce qui concerne les effets de l'instabilité politico-institutionnelle, on peut retenir d'une part, l'inefficacité des politiques publiques, particulièrement des politiques macroéconomiques [Persson – Svensson (1989), Alesina – Tabellini (1990)] et d'autre part, l'incertitude des politiques et de l'environnement économiques à venir [Svensson (1998)]. Par contre, la violence politique se traduit essentiellement par la destruction des infrastructures. Elle crée de l'incertitude sur les droits de propriété, et compromet l'initiative privée ainsi que l'efficacité économique [Svensson (1998)].

Rodrik (1999) soutient l'idée selon laquelle une bonne gouvernance serait une condition nécessaire pour le succès des économies de marché. Pour Hall – Jones (1999), les différences observées dans l'intensité du capital physique ainsi que dans le niveau d'éducation réalisé, tiennent uniquement à une petite fraction dans les différences constatées des niveaux d'output par travailleur à travers les pays. Ils montrent alors que ce sont les différences dans l'infrastructure sociale (institutions et politique gouvernementale), à travers les nations, qui expliquent les différences constatées dans l'accumulation du capital (physique et humain) et la productivité, lesquelles expliquent en définitive la disparité dans le niveau de revenu et de développement des pays.

Certains analystes soutiennent que la relation stabilité politique – croissance économique n'est pas stable. Les spécificités des pays tout comme leurs valeurs culturelles et leurs croyances religieuses peuvent influencer leur conception de la démocratie et le degré de liaison entre la stabilité politique et les performances économiques.

1.2. Revue de la littérature empirique

En se référant à certains indicateurs de la qualité des institutions, certains travaux empiriques sont parvenus à montrer qu'un cadre institutionnel efficient favorise les investissements les plus productifs, le développement financier et, partant, la croissance économique. L'ancrage empirique de la relation institutions – croissance remonte aux travaux de Levine – Renelt (1992), Mauro (1995), Knack – Keefer (1995), qui mettent en exergue la mesure et le rôle des institutions dans la détermination du taux de croissance des pays.

Selon Knack – Keefer (1995), la qualité de la loi et de la démocratie est positivement liée au taux de succès des projets d'investissement. Levine– Renelt (1992) ont par ailleurs établi que les libertés publiques et la protection des droits des investisseurs ont des effets positifs sur l'efficacité des investissements et les résultats économiques. Ces différents travaux ont suscité nombre d'études empiriques basées sur l'utilisation des techniques de variables instrumentales pour montrer que les pays dotés de bonnes institutions sont ceux qui ont des revenus par habitant les plus élevés [Acemoglu et al. (2001)].

Knack – Keefer (1998), Evans – Rauch (1999), Rodrik (2000), Hausmann et al., (2004), Collier (2000), Easterly (2001), Knutsen (2012), utilisant les données transversales, montrent que, dans le long terme, la démocratie a un effet positif sur la croissance économique à travers la réduction des inégalités et des inefficiences institutionnelles, l'amélioration de l'efficacité des politiques macroéconomiques et la réduction des conflits sociaux. Kunal (2013), à travers l'exploration analytique des canaux de la croissance économique, montre que cette dernière a une dynamique politique. Pour leur part, Przeworski – Limongi (1993), Dollar – Kraay (2000), Acemoglu et al. (2003), Svensson (1998) montrent que l'absence de démocratie a un effet négatif sur la croissance à cause des régimes politiques (autoritaires ou dictatoriaux). Il en est de même des politiques distorsives, des faiblesses et des inefficiences institutionnelles, de l'instabilité politique, de la polarisation sociale, ainsi que d'une faible incitation à assurer la protection des droits de propriété privée.

Arestis et al. (2002) soutiennent que les différences institutionnelles affectent l'impact des politiques financières ainsi que leur incidence sur la croissance et le développement économique. A l'aide d'un panel de 12 pays d'Amérique Latine, De Gregorio – Guidotti (1995) avaient trouvé une relation négative entre le ratio du crédit bancaire au secteur privé rapporté au PIB et l'activité économique. Ils ont expliqué ce résultat par le fait que la libéralisation financière dans ces pays s'est opérée dans un contexte de régulation inapproprié qui n'a pas permis d'avoir les effets macroéconomiques escomptés.

L'importance des institutions pour la finance, telles que les règles de lois, la stabilité politique, l'efficacité gouvernementale et le contrôle de la corruption, ressort également de Gani – Ngassam (2008) et Girma – Shortland (2008). Law – Azman – Saini (2008) examinent une relation non linéaire entre la qualité institutionnelle et le développement financier sur un échantillon de 63 pays (développés et en développement) sur la période 1996-2004. En appliquant la méthode des moments généralisés (GMM) en panel dynamique, les résultats indiquent que la qualité de la régulation bancaire est cruciale pour l'expansion du secteur bancaire.

Baltagi et al. (2009) analysent les effets de l'ouverture sur l'extérieur et des institutions sur le développement financier dans des échantillons de données de panel de 42 pays couvrant la période 1980 – 2003. En appliquant la méthode GMM, les auteurs établissent que les institutions expliquent une grande part des variations du développement financier. Law – Habibullah (2009) réalisent la même étude sur un échantillon de 27 pays comprenant des pays du G-7, de l'Europe, de l'Asie de l'Est, et de l'Amérique Latine sur la période 1980 – 2001. Ils montrent également que la qualité des institutions est un déterminant important du niveau de développement financier.

Pour Demetriades – Fielding (2009), la corruption et l'instabilité politique sont les défis majeurs pour le développement financier dans les pays d'Afrique de l'ouest. En élargissant l'échantillon des pays, Singh et al. (2009) montrent l'impact positif des facteurs institutionnels tels que la protection des droits de propriété et la stabilité politique sur le développement du secteur financier en Afrique Subsaharienne. Beji – Youssef (2010) s'intéressent à la nature de la relation entre le développement institutionnel, la régulation bancaire et la croissance pour 19 pays d'Afrique du Nord et du Moyen-Orient durant la période 1982 – 2005. En utilisant plusieurs indicateurs de développement institutionnel et la méthode GMM, les résultats obtenus ont pu indiquer l'absence de relation significative entre le niveau de développement institutionnel et le développement bancaire. En outre, les auteurs expliquent ce résultat par la spécificité des variables institutionnelles qui évoluent très lentement dans le temps.

Un nombre très limité de travaux explore comment la qualité des institutions conditionne l'effet du développement financier sur la croissance. Demetriades – Law (2006) sont les premiers auteurs à évaluer empiriquement le rôle des facteurs institutionnels dans la relation entre finance et croissance. Leur analyse portait sur un échantillon de 72 pays sur la période allant de 1978 à 2000. Les résultats montrent que le développement du secteur financier exerce un effet favorable sur la croissance lorsque le système financier est ancré dans un cadre institutionnel sain et adéquat. Pour les pays à faible revenu, l'effet direct des institutions sur la croissance est particulièrement plus élevé que celui du développement financier. Une nette amélioration des institutions a également des effets positifs sur le système financier, notamment sur le volume des crédits au secteur privé. Lorsque le cadre institutionnel est dégradé, la finance ne génère pas d'effets favorables significatifs sur le déroulement de l'activité économique.

Par la suite, Minea – Villieu (2010) tentent de reproduire ce résultat dans un modèle de croissance endogène. Ils montrent que lorsque la «qualité institutionnelle» dépasse un certain seuil, la relation entre finance et croissance est positive, alors qu'elle devient négative en deçà du seuil. Ce résultat s'expliquerait par le fait que le développement financier abaisse les coûts de transaction sur l'investissement privé, mais réduit également les recettes de seigneuriage utilisables pour financer les investissements publics. Il est favorable à la croissance seulement si les pouvoirs publics peuvent se procurer d'autres ressources pour financer les investissements publics productifs. Au contraire, si la qualité institutionnelle est trop faible, la perte de recettes de seigneuriage ne peut être compensée par la collecte de nouveaux impôts, et les infrastructures nécessaires au développement ne peuvent être financées.

Par la suite, Minea – Villieu (2010) tentent de reproduire ce résultat dans un modèle de croissance endogène. Ils montrent que lorsque la «qualité institutionnelle» dépasse un certain seuil, la relation entre finance et croissance est positive, alors qu'elle devient négative en deçà du seuil. Ce résultat s'expliquerait par le fait que le développement financier abaisse les coûts de transaction sur l'investissement privé, mais réduit également les recettes de seigneuriage utilisables pour financer les investissements publics. Il est favorable à la croissance seulement si les pouvoirs publics peuvent se procurer d'autres ressources pour financer les investissements publics productifs. Au contraire, si la qualité institutionnelle est trop faible, la perte de recettes de seigneuriage ne peut être compensée par la collecte de nouveaux impôts, et les infrastructures nécessaires au développement ne peuvent être financées.

Plusieurs travaux économétriques ont été développés par Scully (1992), Barro (1996) et Helliwell (1994) pour montrer l'existence d'une relation positive entre les libertés civiles comme mesure du cadre institutionnel et la croissance économique. De même, en retenant un indicateur des règles et des lois, Kaufmann – Kraay – Mastruzzi (2004) confirment que la bonne gouvernance exerce un effet positif sur la croissance. Dans la même lignée, un résultat identique a été obtenu par Acemoglu – Johnson –Robinson (2004). Ces auteurs ont montré que l'écart de croissance entre pays riches et pays pauvres tient, en grande partie, à la différence dans la garantie des droits de propriété.

A partir d'un large échantillon de 133 pays, Hall – Jones (1999) montrent que les différences observées dans l'intensité du capital physique ainsi que dans le niveau d'éducation réalisé, expliquent uniquement une petite fraction dans les différences constatées des niveaux d'output par travailleur à travers les pays. Ils montrent alors que ce sont les différences dans l'infrastructure sociale (institutions et politique gouvernementale) à travers les nations qui expliquent les différences constatées dans l'accumulation du capital, le niveau d'éducation réalisé et la productivité, lesquelles expliquent la disparité dans le niveau de revenu et de développement des pays. Pour sa part, Amable (2005) fait le lien entre les institutions et le reste des activités économiques. Il trouve que les résultats économiques dépendent des configurations institutionnelles et que les institutions nationales, en plus des éléments strictement technologiques, déterminent l'accumulation du capital physique, l'investissement dans la recherche et développement et le type de formation.

En retenant l'instabilité et les violences politiques comme variables explicatives de la croissance, Barro (1991) développe un modèle économétrique robuste confirmant une relation positive entre ces deux variables. L'instabilité et les violences politiques engendrent un faible niveau de croissance. Un résultat similaire a été obtenu par Alesina – Perotti (1996), mais en retenant comme variable dépendante, non pas la croissance, mais l'investissement. Certains travaux ont testé la relation entre la croissance et la qualité des institutions mesurée par des indices. C'est le cas d'Easterly – Levine (2002) qui ont employé l'indice global de gouvernance de Kaufmann pour montrer que la gouvernance affecte positivement et significativement la croissance. De même, après avoir construit deux indices mesurant la sécurité des contrats et les droits de propriété, Knack – Keefer (1995) arrivent à la conclusion que ces deux indicateurs sont positivement corrélés à la croissance économique. Enfin, Mauro (1995) a retenu les trois indices des institutions construits par le Business International : l'indice de la corruption, l'indice de la qualité bureaucratique et l'indice de la stabilité politique. Les tests économétriques effectués à cet égard confirment l'effet positif et statistiquement significatif de ces indicateurs sur la croissance.

Certains analystes soutiennent que la relation stabilité politique – croissance économique n'est pas stable. Les spécificités des pays tout comme leurs valeurs culturelles et leurs croyances religieuses peuvent influencer leur conception de la démocratie et le degré de liaison entre la stabilité politique et les performances économiques. Pour le cas des pays d'Asie, Helliwell (1993) est même arrivé à mettre en évidence une relation négative entre démocratie et croissance économique. Il y a tout de même lieu de noter que la manière de mesurer la démocratie ou son influence dans un modèle de croissance fait l'objet de vives discussions.

D'autres travaux sont arrivés à établir une absence totale de relation entre la croissance économique et les indicateurs de démocratie ou de stabilité politico-institutionnelle. Les derniers soulèvements populaires dans les pays du Maghreb (printemps arabe, en 2010/2011) mettent quelque peu en mal la thèse selon laquelle la démocratie serait favorable à la croissance. En effet, durant plusieurs années, les économies maghrébines étaient comptées parmi les plus dynamiques du continent africain alors que leurs régimes politiques n'étaient pas vraiment démocratiques. Il y a lieu également de noter que ces dernières années, plusieurs pays d'Asie (y compris la Chine) ont affiché des taux de croissance économique élevés sans pour autant avoir un système politique démocratique [Durand (2015)].

Somme toute, il est admis de la majorité des économistes que la qualité des institutions (politiques et économiques), la bonne gouvernance, la démocratie, la stabilité politico-institutionnelle ou les situations de paix (absence de conflits armés ou de guerres civiles) seraient des conditions nécessaires sinon suffisantes pour la croissance et le développement économique. Les PED devraient se doter de bonnes institutions pour rattraper le retard qui les sépare des pays développés. Les réformes à mettre en place devraient dès lors déboucher sur une amélioration du mode de gouvernance et permettre aux différents acteurs de l'économie de s'épanouir dans le respect des règles de jeu édictées.

Chapitre 2
Problème, objectifs et hypothèses de la recherche

Pour que le sujet sous examen soit bien décrypté et analysé, et pour qu'il conduise à des recommandations pertinentes et opérationnelles, il s'avère nécessaire de bien fixer le champ de la réflexion, l'objectif poursuivi par celle-ci et formuler les hypothèses qui vont guider la recherche. Ce faisant, le présent chapitre procédera à la justification de l'étude de la relation existant entre les réformes institutionnelles et les performances économiques en RDC. Il présentera l'objectif de l'étude et les hypothèses qui seront éprouvées au terme de l'analyse.

2.1. Problème et question de la recherche

Comme nous l'avons établi ci-dessus, la littérature montre, depuis le début des années 1990, que la qualité des institutions et le mode de gouvernance en vigueur dans un pays déterminent le succès dans la mise en œuvre des politiques de développement. La croissance économique, tout comme le développement financier, a besoin des institutions de qualité. Ceci, du fait que, premièrement, un meilleur environnement institutionnel accélère l'accumulation du capital et conduit à une allocation plus efficiente du capital humain et physique. Ces deux facteurs améliorent la productivité de l'économie, d'autant plus qu'un meilleur environnement institutionnel réduit les coûts de transaction et de transformation. Deuxièmement, cette diminution des coûts accroît à son tour la production et les échanges, ce qui est favorable au développement économique. En effet, les économies d'échelle permettent aux individus et aux entreprises de se spécialiser dans la production des biens dans lesquels ils ont un avantage concurrentiel.

Bien que richement bénie par la nature, la RDC a vu son économie entrer en récession dans le milieu des années 1970, puis évoluer en dents de scie durant la décennie 1980 et connaître un repli important de sa production intérieure brute durant la décennie 1990, avec comme corollaire, la détérioration des conditions de vie de sa population. Face à un tel tableau, le pays devrait aussi chercher les causes profondes de ses contreperformances économiques dans la manière dont ses institutions ont fonctionné. L'incapacité à transformer les ressources naturelles du pays en richesses effectives pour la population, dénote des faiblesses du mode de gouvernance ayant caractérisé le pays durant plusieurs années, avec un régime dictatorial, dont la gestion ne tenait qu'à un fil. Comme l'a écrit Knutsen (2011), le Président Mobutu refusait de construire et d'entretenir les routes pour des raisons politiques et n'accordait pas beaucoup d'intérêt aux biens publics ainsi qu'à l'éducation et à la santé. Une bonne partie des recettes publiques était utilisée par le Président Mobutu ou son régime (alliés politiques et officiers militaires). Le climat des investissements était ponctué par un niveau élevé d'incertitude à cause de l'expropriation et du non-respect des droits de propriété [Evans (1995), Meredith (2006) et Wrong (2000)]. Le Zaïre/Congo n'avait pu tirer grand parti de ses ressources minières ni de son capital humain suite à la mauvaise gouvernance.

Ainsi, il y avait nécessité d'améliorer les fondamentaux de l'économie et de relancer la croissance, de procéder à des réformes institutionnelles profondes pour renforcer autant l'appareil de l'Etat, restaurer son autorité que garantir la cohérence ainsi que l'efficacité des politiques publiques. C'est dans cette voie que le pays s'est engagé depuis le renversement du régime du Président Mobutu en 1997. Mais les efforts consentis dans ce cadre se sont avérés quelque peu limités à cause du contexte politico-sécuritaire fragile qui a prévalu dans le pays, affectant le déroulement normal de l'activité économique et exerçant des pressions importantes sur les finances publiques, aussi bien en termes de collecte des recettes que d'engagement des dépenses.

Depuis 2002, l'économie congolaise a vu ses fondamentaux s'améliorer de manière progressive. L'hyperinflation a été brisée ; au fil des années, le rythme d'expansion des prix intérieurs avait fortement décéléré ; la dépréciation monétaire s'était arrêtée et, au passage du temps, le taux de change avait affiché une stabilité remarquable ; la croissance avait été relancée et s'était consolidée. Du côté des finances publiques, on a assisté à un élargissement de l'espace budgétaire de l'Etat et à une amélioration progressive de la qualité des dépenses publiques. Il y a lieu de se demander si ces changements n'étaient pas liés aux réformes institutionnelles (politiques et économiques) mises en œuvre par le pays.

Sans préjudice des réformes institutionnelles entamées dans le pays depuis le début de la décennie 2000, ces dernières demeurent quelque peu fragiles en ce qu'elles n'ont pas encore gagné en stabilité, en solidité et en crédibilité. Malgré cet état de choses, les performances économiques du pays se consolident peu à peu. A partir de 2010, l'économie de la RDC affiche des résultats très remarquables en termes d'inflation, de stabilité du taux de change, de développement de l'activité financière et de croissance économique. Ainsi, nous nous proposons, dans le cadre de cet ouvrage, de discuter de la pertinence des réformes institutionnelles envisagées par le pays afin d'établir la portée de la théorie selon laquelle la qualité des institutions serait un déterminant des progrès économiques.

La question fondamentale autour de laquelle s'organise notre réflexion est la suivante: Comment expliquer, de façon cohérente, l'existence de la relation entre, d'une part, des institutions encore faibles nécessitant notamment le rétablissement de l'autorité de l'État sur tout le territoire et, d'autre part, les bons résultats économiques affichés par le pays ?

2.2. Objectif et hypothèses

L'objectif de cette réflexion est d'établir, avec des évidences empiriques, que les réformes institutionnelles sont importantes pour la croissance et le développement économique de la RDC. Nous voulons montrer que même si elles ne se sont pas suffisamment solidifiées, les réformes qui sont engagées et qui se traduisent par une amélioration du mode de gouvernance, modifient le cadre général selon lequel fonctionne l'économie et, de ce fait, permettent à la fois de stabiliser le cadre macroéconomique, de relancer la croissance économique et de consolider cette croissance au fil des années. Les réformes institutionnelles transmettent des signaux positifs pour le monde des affaires et permettent d'attirer de nouveaux investissements. Aussi, elles permettent d'améliorer la gestion macroéconomique grâce notamment à une meilleure collecte de recettes, une amélioration de la qualité des dépenses publiques et à une gestion monétaire prudente et adaptée aux besoins réellement exprimés par l'économie.

Dans cette logique, notre réflexion s'organise essentiellement autour de trois hypothèses, dont la teneur est reprise de la manière suivante :

- les réformes institutionnelles (politiques et économiques) sont nécessaires pour le développement d'un pays, surtout pour un pays qui – durant plusieurs années – était plongé dans une crise multiforme persistante [à la fois politico-sécuritaire, économique et sociale]. Elles sont bien favorables à la croissance et au développement économique en ce qu'elles permettent de créer un nouveau cadre dans lequel se dérouleront les activités économico-financières du pays ;
- le succès des réformes institutionnelles est fortement conditionné par le contexte politico-sécuritaire qui prévaut dan le pays. Moins il y a de guerres ou de conflits armés, plus grands seront les impacts des réformes institutionnelles sur la marche de l'économie. Ceci tient entre autre au fait que les dépenses militaires ou sécuritaires engagées en situation de conflits évincent les autres dépenses étatiques et réduisent, de ce fait, la marge de manœuvre pour opérer des réformes. Aussi le contexte politico-sécuritaire exerce-t-il une influence directe sur l'accumulation du capital et le déroulement des activités productives ;
- les réformes institutionnelles demandent à se traduire par un nouveau mode de gouvernance et de nouvelles attitudes de la part des opérateurs économiques pour qu'elles portent les fruits escomptés. En plus de la définition de nouvelles règles

de jeu, les acteurs de l'économie (décideurs politiques, entreprises et ménages) devraient adopter de nouveaux comportements, pour que le cours des choses s'améliore fondamentalement. Il faudrait pour ce faire renforcer l'autorité de l'Etat sur toute l'étendue du pays pour qu'il soit apte à faire respecter les nouvelles règles et en élargir la portée.

Chapitre 3
Méthodologie de l'étude

Il sera question, dans ce chapitre, de fixer les vues sur la méthodologie qui sous-tend notre analyse et d'indiquer la nature des conclusions auxquelles nous pourrons bien aboutir. Comme l'a indiqué la revue de la littérature, plusieurs instruments d'analyse ont été sollicités pour mettre en valeur le rôle des institutions dans les progrès économiques. Il nous faudra donc expliciter, pour ce faire, le type d'indicateurs que nous utiliserons dans le cadre de cette étude. Nous débutons ainsi par une discussion des différentes mesures proposées pour appréhender la qualité des institutions.

3.1. Mesure de la qualité des institutions

Trois mesures sont généralement sollicitées ou utilisées dans la littérature pour apprécier la qualité des institutions, à savoir : l'indice global de gouvernance, les droits de propriété et le contrôle du pouvoir exécutif. Chacune de ces mesures appréhende une facette de la qualité des institutions ou de son incidence sur le développement économique.

L'indice de gouvernance est une mesure unique permettant d'apprécier la qualité du cadre institutionnel considéré. C'est une moyenne pondérée des composantes principales d'un ensemble de variables considérées comme indicateurs de la manière dont le pays est géré. Le poids de chaque élément constitutif est déterminé par la part de la variance des variables, expliquée par chaque composante principale. Cette approche a été utilisée par Scully (1992) pour construire des indices de liberté politique et économique. Alesina – Perotti (1996), Loayza – Palacios (1997) et Demetriades – Luintel (1996) l'ont employée pour construire des indices de stabilité politique et de stabilité des politiques menées.

Et comme nous l'avons indiqué dans la revue de la littérature, la qualité des institutions est intimement liée à la sécurité des droits de propriété, sur lesquels pèsent plusieurs menaces, notamment l'expropriation pure et simple par l'État, l'insuffisance de la protection des contrats ou le non-respect des obligations (défaut de paiement, défaillance de l'emprunteur, violation des clauses des contrats,...). Cependant, une variable ne peut à elle seule rendre compte de tous ces aspects. C'est ainsi que certains travaux utilisent une analyse en composantes principales pour déterminer la qualité des institutions. Ils élaborent ainsi des indicateurs uniques pour mesurer la qualité des institutions économiques. Ceux-ci sont des moyennes pondérées d'un groupe de composantes principales tels que la prime du marché noir, le taux de dépréciation monétaire, le montant d'argent protégé par contrat, et le risque de défaut de paiement.

Le grand avantage de cette approche est dès lors d'aider à réduire les problèmes de multicolinéarité, caractéristiques des régressions de croissance en limitant le nombre de variables indépendantes. Cette approche permet aussi de réduire les variables dépendantes, ce qui permet de se concentrer sur une mesure unique de la qualité institutionnelle et non plus sur la multitude de mesures généralement analysée dans la littérature. Greene (1993) fait toutefois remarquer que cette méthode, quoique moyen commode de réduire la dimensionnalité, comporte un coût : l'indicateur construit ne peut être interprété par rapport aux variables intervenant dans son élaboration. L'interprétation des résultats et les conclusions du point de vue de l'action publique sont nécessairement limitées, mais c'est le prix à payer pour la simplicité.

Dans certaines analyses, la qualité des institutions politiques est appréhendée par leur incertitude ou leur instabilité. Cette approche permet d'éviter la controverse relative aux mérites comparés des institutions démocratiques par rapport aux institutions autocratiques au plan de l'efficience économique. La mesure de l'instabilité des institutions politiques repose là encore sur une analyse en composantes principales qui porte sur des indicateurs tels que le nombre d'assassinats par millier d'habitants, les remaniements majeurs des gouvernements, les changements majeurs de la constitution, les crises majeures de gouvernement, le nombre de changements inconstitutionnels ou imposés dans le gouvernement, les coups d'État, les rébellions ou toute autre forme de violence portant atteinte au fonctionnement de l'économie, toute élimination systématique, par emprisonnement ou exécution, de l'opposition politique dans les rangs du régime ou de l'opposition (purges).

Etant donné que certains analystes soutiennent que la qualité des institutions dépend du régime politique en vigueur dans le pays, il existe des travaux qui appréhendent les institutions ou leur rôle à travers la présence ou l'absence de démocratie. Selon Gurr (1990), une démocratie comprend essentiellement trois éléments interdépendants. Le premier est lié aux institutions par lesquelles les citoyens expriment leurs préférences (les élections législatives et les votes populaires). Le deuxième représente les contraintes institutionnalisées posées à l'exercice du pouvoir par l'exécutif. Le troisième porte sur la garantie des libertés civiles. Certains analystes associent ces trois éléments pour élaborer un indice démocratique à mettre en relation avec les progrès économiques. Il sied quand même de noter que les élections en tant que telles ne sont pas des indicateurs très fiables de la démocratie comme mécanisme d'engagement, surtout dans les situations de retournement spectaculaire. Car un gouvernement peut rompre les promesses électorales et s'écarter ainsi du mandat donné par les électeurs [Borner et al., (1995)].

Comment mesurer ainsi le pouvoir de l'État, c'est-à-dire, sa capacité à créer et à faire respecter des institutions économiques efficientes ? La plupart des indicateurs existants ne parviennent pas à rendre compte de ce pouvoir. Bien des travaux réalisés dans cette lignée utilisent une mesure des finances publiques, le plus souvent, les recettes de l'État en pourcentage du PIB [Rubinson (1979) et Marsh (1988)]. Shin (1990) construit un indice associant les recettes de l'État et les dépenses publiques. Wing Ying Tang – Hedley (1998) utilisent la consommation de l'État, les effectifs militaires et le taux de fécondité total. Toutes ces études supposent donc que la puissance de l'État peut être mesurée par la capacité à collecter des recettes, lesquelles peuvent ensuite être dépensées pour la création et le fonctionnement des institutions.

Borner – Bodmer – Kobler (2004) ont construit un indice qui résulte de l'analyse en composantes principales de deux variables :(i) le total des produits et subventions, et (ii) les recettes de l'impôt sur le revenu, sur les bénéfices et sur les plus–values (mesurés en pourcentage du PIB). La première variable mesure la taille de l'État ; c'est un choix évident, cohérent avec les travaux existants – à ceci près, qu'un État très développé peut être un bienfait tout relatif, comme le montre l'expérience des pays industrialisés. La deuxième variable mesure la capacité administrative de l'État en ce que les impôts directs, complexes à lever, exigent une autorité fiscale très élaborée et le pouvoir de lever réellement un impôt sur tous les citoyens ou entreprises ou au moins sur la plupart d'entre eux.

3.2. Approches analytiques retenues

Pour mener à bien notre réflexion, nous avons recouru à la technique documentaire. Celle-ci nous a permis de rédiger la revue de la littérature et de bien positionner notre réflexion par rapport à l'état actuel des connaissances en ce qui concerne la relation entre la qualité des institutions et les performances économiques.

Les approches utilisées pour analyser les effets de la qualité des institutions sur l'économie diffèrent selon l'angle choisi par les analystes. Alors que certains travaux se fondent sur une approche basée sur des études empirico-descriptives, d'autres tirent leur fondement dans une approche économétrique. La première approche compare les résultats économiques de différentes périodes en tenant compte de la qualité des institutions, et la deuxième approche analyse statistiquement l'impact économique de la qualité des institutions. Dans certains cas, la première approche cherche à identifier les facteurs économiques et non-économiques à la base de la faible qualité des institutions. Ces deux approches ne s'excluent pas mais se complètent. Pour cette étude, nous aurons à les utiliser conjointement.

Sur la base de la vérification des hypothèses formulées ci-dessus, le travail tirera des conclusions sur le sens de la relation entre la qualité des institutions et les résultats ou progrès économiques. Cette vérification est faite en référence aux résultats empiriques obtenus par d'autres analystes. En nous inspirant d'autres travaux, notamment Komlan (2006), Asiédu – Villamil (2000), Wei (2000), Campos et al., (1999), nous construirons un indicateur composite pour mesurer la qualité des institutions. Cet indicateur qui est quasi similaire à celui utilisé par El Morchid (2010) renseigne sur le fonctionnement des institutions de la RDC ou sur le mode de gouvernance du pays durant la période indiquée, soit de 1980 à 2015.

Comme l'a souligné Greene (1993), l'utilisation des indicateurs composites est bénéfique en ce qu'elle simplifie l'analyse et réduit les risques de multicolinéarité, mais elle ne facilite pas l'interprétation des résultats du point de vue de l'action publique. Pour contourner cette faiblesse, nous emprunterons aussi l'approche utilisée par North (1981). Nous nous baserons également sur des situations historiques pour montrer que l'environnement institutionnel a un impact important sur la conduite des politiques publiques et le fonctionnement de l'économie.

Chapitre 4
Vérification des hypothèses et interprétations des résultats

Au regard de la littérature empirique disponible sur l'analyse causale de la croissance économique [Barro – Sala-i-Martin (1995), Mankiw – Romer – Weil (1992), Berthélemy – Varoudakis (1998), Akitoby – Cinyabuguma (2004), Acemoglu – Aghion – Zilibotti (2006), Coulombe – Tremblay (2006), Nshue – Boendi (2015)], nous nous proposons de vérifier économétriquement la relation qui existe entre la qualité des institutions et le développement économique en RDC. L'horizon couvert par l'analyse est celle allant de 1980 à 2014.

4.1. Spécification du modèle et des variables

4.1.1. Spécification du modèle

Partant de ce qui est relevé précédemment, nous avons spécifié une équation dans laquelle nous régressons le taux de croissance du produit intérieur brut (PIB) par tête sur des variables de contrôle, des variables de politique économique et un indicateur de la qualité des institutions. Plus précisément, notre équation de base se présente de la manière suivante :

$$\Delta y(t) = a_0 + a_1 y(t-1) + \alpha X(t) + \varphi QI(t) + \varepsilon$$

où$\Delta y(t)$ représente le taux de croissance du PIB par tête de l'année t, $y(t-1)$ le revenu par tête de la période $t-1$, $X(t)$ le vecteur des variables de contrôle à la date t, $QI(t)$ l'indicateur de la qualité des institutions à la date t et ε le terme aléatoire. Par hypothèse, le terme aléatoire suit un processus bruit blanc (ce qui suppose une absence d'autocorrélation des erreurs d'une période à une autre).

La présence du revenu de la période précédente dans le modèle permet d'apprécier le rythme avec lequel l'économie converge vers son équilibre de long terme. Le vecteur des variables de contrôle permet de mettre en évidence le rôle des facteurs conventionnels dans le déroulement de la croissance. Étant donné que l'efficacité des politiques publiques dépend du mode de gouvernance et des institutions – comme déjà montré dans la revue de la littérature, nous avons intégré un indice composite de la qualité des institutions. Le vecteur $X(t)$ comprend essentiellement deux variables, à savoir le taux d'investissement (privé et public) et le capital humain du pays. Dans la section suivante, nous donnerons des indications et détails sur la manière dont ces différentes variables ont été mesurées tout en fournissant la source des données.

Conformément à la littérature empirique, l'on s'attend à avoir un impact positif du taux d'investissement et du capital humain sur la croissance. En ce qui concerne l'inflation, l'incidence devrait être négative pour des rythmes très élevés d'expansion du niveau général des prix. Et le déficit public devrait avoir une incidence négative sur la croissance économique s'il pèse énormément sur la stabilité du cadre macroéconomique et crée des distorsions.

S'agissant de l'indicateur de la qualité des institutions, il est mesuré sur une échelle allant de 1 à 10. En effet, plus grande est la valeur de l'indicateur, plus grande sera la qualité des institutions, et vice-versa. Nous soutenons dans cette recherche que la qualité des institutions est un déterminant de la croissance. Par conséquent, on devrait obtenir – après estimation – un estimateur positif de φ. Nous avons élaboré l'indicateur *QI* en partant d'un ensemble de facteurs pouvant agir sur la qualité ou le fonctionnement des institutions politiques et économiques. Au nombre de ces facteurs, on compte entre autres :

- la **stabilité institutionnelle**, appréhendée par le nombre d'ajustement de l'équipe gouvernementale [changements et remaniements du gouvernement] ;
- le **risque-pays**, jaugé par la situation sécuritaire à travers l'absence ou la présence d'un conflit armé majeur ;

- la **capacité de l'Etat à fournir les biens publics**, mesurée par la part des dépenses en capital dans le budget national ;
- la **qualité des politiques macroéconomiques**, perçue par le niveau de l'inflation ;
- la **puissance de l'Etat** mesurée par l'espace fiscal du pays (la part des recettes publiques dans le PIB) ;
- l'**efficacité de l'administration fiscale**, mesurée par la part des impôts directs dans les recettes publiques ;
- la **confiance dans le système financier**, palpée par la part des dépôts bancaires dans les avoirs monétaires ;
- les **droits de propriété** appréhendés par le taux d'investissement privé.

Le choix de ces facteurs est justifié par la littérature aussi bien théorique qu'empirique [voir par exemple Barro (1991, 1996), Easterly – Rebelo (1993), Barro – Sala–i–Martin (1995), Clague et al. (1996, 1999), Kaufman et al. (1999), Borner – Bodmer – Kobler (2004)]. En effet, plusieurs travaux ont appréhendé l'effet de l'instabilité politico-institutionnelle par les changements de l'équipe gouvernementale étant donné qu'une forte variabilité ne permet pas aux décideurs de concevoir et de mettre en œuvre une bonne politique de développement, compte tenu du temps leur imparti pour agir sur le fonctionnement de l'économie. Le risque-pays est appréhendé par l'absence ou la présence d'un conflit majeur, car celui-ci agit sur la décision d'investir ou non dans le pays [Tsasa (2009), Nshue – Boendi (2015)]. Aussi, il peut conduire à des désinvestissements ou à un arrêt de la production dans certains segments de l'économie. Pour ce qui est de la capacité de l'Etat à fournir les biens publics, cela dépend des choix opérés dans le cadre du budget national. La qualité des politiques macroéconomiques est pour sa part, appréhendée par le niveau de l'inflation tant cette dernière constitue l'un des principaux indicateurs de la conjoncture, qui dépend à la fois des politiques budgétaire, monétaire et commerciale.

Pour mesurer la puissance de l'Etat, certains analystes ont retenu comme variable explicative la part des recettes publiques dans le PIB. D'autres analystes ont pris la somme des recettes et des dépenses publiques en pourcentage du PIB. C'est en fonction de son espace budgétaire que l'Etat agit. Par conséquent, plus grand est cet espace fiscal, plus grande sera sa puissance. L'efficacité de l'administration fiscale est souvent appréhendée dans la littérature par la part des impôts directs dans les recettes publiques du fait que c'est la qualité de l'administration qui détermine la hauteur des impôts directs effectivement mobilisés. Dans plusieurs études, la confiance dans le système financier est captée par la part des dépôts bancaires dans les avoirs monétaires au sein de l'économie. Les droits de propriété sont par contre appréhendés par le niveau de l'investissement privé (en pourcentage du PIB) car les détenteurs des capitaux ne se décident d'investir que lorsqu'ils estiment qu'ils sont suffisamment sécurisés.

4.1.2. Spécification des variables

4.1.2.1. Mesures des variables

Les données retenues pour mettre en valeur la relation entre la qualité des institutions et la croissance économique en RDC proviennent de diverses sources [Banque Centrale du Congo (BCC), Banque mondiale (BM), Fonds monétaire international (FMI), Programme des Nations-Unies pour le Développement (PNUD) et Institut national de la statistique (INS)]. Mais elles ont fait l'objet d'une collecte soigneuse et d'une harmonisation pour éviter toute forme de biais provenant de la qualité ou de la mesure des statistiques. Le tableau ci-après décrit les variables du modèle et renseigne sur la manière dont elles ont été mesurées.

Tableau 1. Mesures des variables dans l'analyse empirique

Variable	Explication	Type de variable	Mesure
Croissance du PIB/habitant	Variation du PIB/habitant	Variable expliquée	En %
PIB/habitant	Niveau du PIB/habitant	Variable explicative	En USD
Capital physique	Investissement privé	Variable explicative	En % du PIB
Capital humain	Enrôlement au secondaire	Variable explicative	En % du total des enrôlés aux primaire et secondaire
Investissement public	Dépenses en capital	Variable explicative	En % du PIB
Qualité institutionnelle	Indicateur composite	Variable explicative	Echelle de 1 à 10

Avant d'utiliser les données dans notre modèle économétrique, nous avons pris soin d'examiner leurs principales caractéristiques et de discuter de leur stationnarité afin de voir si les tests classiques d'inférence (test de Student et test de Fischer) peuvent être utilisés sans crainte pour valider les résultats d'une estimation à partir des données brutes. Mais préalablement, nous allons fixer les vues sur l'élaboration de l'indice composite de la qualité des institutions.

4.1.2.2. Elaboration de l'indice de la qualité institutionnelle

Suivant El Morchid (2010), l'indice synthétique ou global de la qualité des institutions a été élaboré à partir des huit composantes présentées ci-dessus pour une échelle de valeur allant de 1 à 10. Ainsi, la valeur médiane de l'échelle est de 5,5. Pour chaque composante, une échelle d'évaluation qualitative a été établie et à chaque étiquette d'évaluation, il a été associé une notation. Ainsi, l'indice global est donné par la somme des notations de chaque élément d'appréciation de la qualité des institutions. Nous avons supposé que les différents éléments avaient tous le même poids.

Considérons un vecteur V contenant n éléments qualitatifs v_i captant chaque indicateur institutionnel et θ_i le coefficient de pondération de chaque indicateur. L'indice synthétique s'écrira :

$$QI = \theta_1 v_1 + \theta_2 v_2 + \ldots + \theta_n v_n \quad \text{ou} \quad QI_i = \Sigma\ \theta_i v_i$$

$$\text{avec } \theta_i = 1\ (i = 1, 2, \ldots, 8).$$

Pour parvenir à l'évaluation de l'indice synthétique, il a été important d'associer des notes aux différents éléments constitutifs d'appréciation des institutions. L'appréciation va de très bon à très mauvais en passant par des modalités intermédiaires. Si l'on suppose que $a = 1 \leq QI \leq b = 10$, les différentes valeurs des indicateurs par élément d'évaluation seront comprises dans l'intervalle $[a/n = 0{,}125\ ;\ b/n = 1{,}25]$ selon un critère d'appréciation très rigoureux en fonction des valeurs des variables quantitatives choisies pour capter les différentes variables institutionnelles.

Appréciation	Très bon	Bon	Moyennement bon	Mauvais	Très mauvais
Notation	b/n	$(b/n)-\lambda$	$(b/n)-2\lambda$	$(b/n)-3\lambda$	a/n

Etant donné qu'on a retenu huit éléments d'appréciation, soit $n = 8$, et vu que l'échelle de mesure de la qualité institutionnelle va de 1 à 10, on aura $a = 1$, $b = 10$ et $\lambda = 0{,}25$. Ainsi, le tableau précédent se présentera comme suit.

Appréciation	Très bon	Bon	Moyennement bon	Mauvais	Très mauvais
Notation	1.25	1	0.75	0.5	0.125

Somme toute, les variables institutionnelles choisies pour l'étude sur la qualité des institutions et la performance économique reposent sur un critère de choix historique et pertinent selon l'importance de chacune. Le tableau ci-après renseigne sur les normes d'appréciation.

Tableau 2. Indicateurs institutionnels (Normes d'appréciation et notation)

	Appréciation					Notation				
Indicateurs institutionnels	Très bon	Bon	Moyennement bon	Mauvais	Très mauvais	Très bon	Bon	Moyenne-ment bon	Mauvais	Très mauvais
Stabilité institutionnelle	0	1	2	3	+3	1,25	1	0,75	0,5	0,125
Capacité de l'Etat à fournir les biens pub.	sup 40%	[35 - 40%]	[30 - 35%[	[25 - 30%[	inf 25%	1,25	1	0,75	0,5	0,125
Droits de propriété	sup 40%	[30 - 40%]	[25 - 30%[	[20-25%[	inf 20%	1,25	1	0,75	0,5	0,125
Confiance dans le système financier	sup 90%	[70,90%]	[50 - 70%[	[40-50%[	inf 40%	1,25	1	0,75	0,5	0,125
Qualité des politiques macroéconomiques	inf 5%	[5-13%]	]13 - 20%]	]20 - 100%]	Sup 100%	1,25	1	0,75	0,5	0,125
Puissance de l'Etat	Sup 40%	[32-40%]	[24-32%[	[14-24%[	inf 14%	1,25	1	0,75	0,5	0,125
Efficacité de l'administration fiscale	Sup 45%	[35-45%]	[25-35%[	[15-25%[	inf 15%	1,25	1	0,75	0,5	0,125
Risques pays (sécurité)	Absence totale	Quelques cas isolés	Présence des conflits/ situation maitrisée	Germe d'une grande fragilité	Présence conflits majeurs	1,25	1	0,75	0,5	0,125

La stabilité institutionnelle a ainsi été mesurée respectivement par le nombre de changement ou de remaniement de l'équipe gouvernementale, la capacité de l'Etat à fournir les biens publics par la part des dépenses en capital dans le budget national, les droits de propriétés par le taux d'investissement (en pourcentage du PIB), la confiance dans le système financier par la part des dépôts bancaires dans les avoirs monétaires, la qualité des politiques macroéconomiques par le niveau de l'inflation, la puissance de l'Etat par l'espace fiscal national (part des recettes publiques dans le PIB), l'efficacité de l'administration fiscale par la part des impôts directs dans les recettes publiques et le risque-pays par l'absence ou l'absence d'un conflit (voir en annexe la distribution des indices de qualité institutionnelle pour la période 1980 – 2014).

4.1.2.2. Caractéristiques des données statistiques et causalité

Dans le tableau qui suit, il est présenté les principales caractéristiques des variables retenues dans le cadre de notre analyse, à savoir la moyenne, le médian, l'écart-type, les valeurs maximum et minimum ainsi que les indices de déviation.

Tableau 3. Principales caractéristiques des variables d'analyse

	Taux de croissance du PIB/habitant	Indice de la qualité institutionnelle	Investissement Privé	Taux de scolarisation
		En logarithme	En logarithme	En logarithme
Moyenne	-2.020000	1.180870	2.476790	3.242732
Médian	-0.400000	1.252763	2.551786	3.135494
Maximum	6.300000	1.667707	3.374169	3.793239
Minimum	-17.60000	0.000000	0.548121	2.890372
Ecart-type	5.813918	0.310544	0.577700	0.279492
Skewness	-0.849047	-1.620918	-0.962438	1.017882
Kurtosis	3.088082	7.020126	4.727443	2.533112
Jarque-Bera	4.216449	38.89508	9.755091	6.361717
Probability	0.121453	0.000000	0.007616	0.041550
Sum	-70.70000	41.33044	86.68766	113.4956
Sum Sq. Dev.	1149.256	3.278882	11.34707	2.655945
Observations	35	35	35	35

Le test de conformité des données à la loi normale de Jarque-Bera indique que toutes les variables, excepté le taux brut de scolarisation, sont normalement distribuées autour de leurs moyennes respectives. Le tableau ci-dessous donne les résultats du test Dickey-Fuller.

Tableau 4. Test ADF (Augmented Dickey – Fuller)

Variable	N	Trend	Statistique ADF	Valeur critique [5%]	Ordre d'intégration
Croissance PIB/habitant [niveau]	35	Non	-2.114502	-3.552973	I(1)
Croissance PIB/habitant [différence]	34	Non	-5.587652	-2.954021	I(0)
Log Investissement privé [niveau]	35	Non	-2.166414	-3.548490	I(0)
Log Investissement privé [différence]	34		-6.338671	-2.954021	I(0)
Log Indice de qualité institutionnelle [niveau]	35	Non	-3.334851	-3.548490	I(1)
Log Indice de qualité institutionnelle [différence]	34	Non	-6.600652	-2.957110	I(0)
Log Taux de scolarisation au secondaire [niveau]	35	Oui	-1.559618	-3.548490	I(1)
Log Taux de scolarisation au secondaire [différence]	34	Non	-5.742615	-2.954021	I(0)

Il ressort des résultats du test ADF que nos séries statistiques ne sont pas toutes stationnaires en niveau (taux de croissance du PIB/habitant, indice de qualité des institutions et taux de scolarisation) puisque la valeur critique, prise en valeur absolue, est supérieure à la statistique ADF. Il nous a fallu ainsi les prendre en différence première pour nous assurer de leur stationnarité. Par ailleurs, étant donné que l'existence d'au moins une relation de cointégration entre variables requiert la correction du biais d'estimation que celle-ci peut induire, nous avons jugé nécessaire d'effectuer un test de cointégration. Ce dernier montre que la formulation en différence aurait conduit à une mauvaise spécification du modèle.

Tableau 5. Test de cointégration

Included observations: 32					
Series: *D(PIBh) D(LQI) D(LInvp) D(LHum)*					
Lagsinterval: 1 to 1					
Selected (0.05 level*) Number of Cointegrating Relations by Model					
Data Trend:	None	None	Linear	Linear	Quadratic
Test Type	No Intercept No Trend	Intercept No Trend	Intercept No Trend	Intercept Trend	Intercept Trend
Trace	4	4	4	4	4
Max-Eig	4	2	4	2	2
*Critical values based on MacKinnon-Haug-Michelis (1999)					
Information Criteria by Rank and Model					
Data Trend:	None	None	Linear	Linear	Quadratic
Rank or No. Of CEs	No Intercept No Trend	Intercept No Trend	Intercept No Trend	Intercept Trend	Intercept Trend
Log Likelihood by Rank (rows) and Model (columns)					
0	-93.17703	-93.17703	-93.15276	-93.15276	-93.11275
1	-66.64093	-66.64088	-66.61755	-66.19736	-66.18485
2	-50.79977	-50.62776	-50.60537	-50.18194	-50.16944
3	-43.65173	-42.98487	-42.96517	-42.24343	-42.24332

4	-38.49367	-37.26596	-37.26596	-35.35106	-35.35106
Akaike Information Criteria by Rank (rows) and Model (columns)					
0	6.823565	6.823565	7.072047	7.072047	7.319547
1	5.665058	5.727555	5.913597	5.949835	6.136553
2	5.174986*	5.289235	5.412835	5.511371	5.635590
3	5.228233	5.374055	5.435323	5.577714	5.640208
4	5.405854	5.579123	5.579123	5.709441	5.709441
Schwarz Criteria by Rank (rows) and Model (columns)					
0	7.556432	7.556432	7.988132	7.988132	8.418849
1	6.764360	6.872661	7.196116	7.278158	7.602289
2	6.640721*	6.846579	7.061788	7.251933	7.467760
3	7.060403	7.343637	7.450710	7.730514	7.838812
4	7.604458	7.960943	7.960943	8.274479	8.274479

Pour nous assurer empiriquement qu'après estimation nous aurons des paramètres compatibles à ce que la théorie économique établit, nous avons élaboré la matrice de corrélation (de Spearman) des différentes variables d'intérêt de notre modèle.

Tableau 6. Matrice de corrélation (coefficient de Spearman)

Corrélation	Taux de croissance du PIB/habitant	Log (Indice de qualité institutionnelle)	Log (Investissement privé)	Log (Taux de scolarisation)
Taux de croissance du PIB/ habitant	1.000000			
Log (Indice de qualité institutionnelle)	**0.692789**	1.000000		
Log (Investissement privé)	**0.498003**	0.622833	1.000000	
Log (Taux de scolarisation)	**0.701421**	0.390901	0.062835	1.000000
T-Statistic	Taux de croissance du PIB/habitant	Log (Indice de qualité institutionnelle)	Log (Investissement privé)	Log (Taux de scolarisation)
Taux de croissance du PIB/habitant	...			
Log (Indice de qualité institutionnelle)	**5.518714**	...		
Log (Investissement privé)	**3.299000**	4.573252	...	
Log (Taux de scolarisation)	**5.653282**	2.439673	0.361673	...
Probabilité	Taux de croissance du PIB/habitant	Log (Indice de qualité institutionnelle)	Log (Investissement privé)	Log (Taux de scolarisation)
Taux de croissance du PIB/ habitant	...			
Log (Indice de qualité institutionnelle)	**0.0000**	...		
Log (Investissement privé)	**0.0023**	0.0001	...	
Log (Taux de scolarisation)	**0.0000**	0.0202	0.7199	...

La matrice établit une forte corrélation positive et statistiquement significative entre le taux de croissance du PIB/habitant et le taux de scolarisation, ainsi qu'une corrélation positive mais pas très forte entre l'investissement et le taux de croissance du PIB/habitant. En première analyse, ceci laisserait présager que la croissance du revenu des Congolais dépendrait plus de la qualité des institutions et de l'accumulation du capital humain.

4.2. Présentation des résultats et tests de validation

Cette section est consacrée à la présentation et à l'analyse des résultats de l'analyse économétrique effectuée dans le cadre de l'étude de la relation entre la qualité des institutions et la croissance économique. A l'issue de cet exercice, nous disposerons des éléments qui, dans la section 3, nous permettront de confirmer ou d'infirmer les différentes hypothèses soutenant notre analyse et de nourrir la réflexion sur les recommandations à formuler.

4.2.1. Présentation des résultats

Au regard des éléments obtenus après analyse des principales caractéristiques des séries statistiques, nous avons été amené à utiliser un modèle à correction d'erreur pour avoir des estimateurs pertinents. Ainsi, l'on trouve dans le tableau le produit de cette estimation qui à la fois permet d'appréhender les effets de court terme et ceux de long terme, des différentes variables d'intérêt sur la croissance du PIB/habitant.

Tableau 7. Estimation du modèle à correction d'erreur

Dependent Variable: D[Taux de croissance du PIB/habitant]
Method: Least Squares
Sample (adjusted): 1981 2014
Included observations: 34 afteradjustments

Variable	Coefficient	Std. Error	t-Statistic	Prob.
Constante	-19.67293	10.74508	-1.830878	0.0786
D [Log de l'indice de qualité institutionnelle]	3.811138	2.380020	1.601305	0.1214
D [Log de l'investissement privé]	3.331659	1.591554	2.093337	0.0462
D [Log du capital humain]	10.96698	6.070208	1.806689	0.0824
Taux de croissance du PIB/H (-1)	-0.529361	0.184058	-2.876061	0.0079
Log [indice de qualité institutionnelle] (-1)	7.196305	3.258952	2.208165	0.0363
Log [investissement privé] (-1)	0.225369	1.632687	0.138035	0.8913
Log [capital humain] (-1)	2.948379	2.643668	1.115261	0.2749
R-squared	0.473844	Meandependent var		0.194118
Adjusted R-squared	0.332186	S.D. dependent var		3.487375
S.E. of regression	2.849878	Akaike info criterion		5.134754
Sumsquaredresid	211.1669	Schwarz criterion		5.493897
Log likelihood	-79.29081	Hannan-Quinn criter.		5.257232
F-statistic	3.344997	Durbin-Watson stat		2.272649
Prob(F-statistic)	0.011210			

Les résultats obtenus sont conformes à nos attentes et nous permettent d'affirmer que la qualité des institutions joue aussi bien dans le court terme que dans le long terme, sur la croissance économique en RDC (respectivement avec un seuil de 10 % et de 5 %). Il en est de même pour l'investissement privé et le capital humain. Ceci est conforme aux conclusions tirées par d'autres analystes qui ont examiné le déroulement de la croissance économique en RDC [Akitoby – Cinyabuguma (2004), Nshue – Boendi (2015), …]. Pour notre part, nous n'avons pas retenu que des facteurs conventionnels pour expliquer la croissance économique en RDC. On a introduit la qualité des institutions pour montrer que l'action de l'Etat – à travers ses préposés – a une incidence de taille dans le déroulement de l'activité économique. Et sur un échantillon de 24 pays africains (dont la RDC), El Morchid (2010) est arrivé à la conclusion selon laquelle la qualité des institutions est un important déterminant de la relance économique en Afrique.

4.2.2. Tests de validation du modèle

Pour que les résultats se prêtent à une interprétation solide, il importe de s'assurer de la validité du modèle. Ainsi, nous avons procédé au test de normalité de Jarque-Bera, au test d'autocorrélation de Beusch-Godfrey, au test d'héteroscédasticité, au test de colinéarité de Klein et au test cusum pour discuter de la stabilité des paramètres.

- **Test de normalité des résidus : Jarque-Bera**

Comme l'indique le graphique ci-après, ainsi que les valeurs y associées, les résidus du modèle sont normalement distribués autour de leur moyenne.

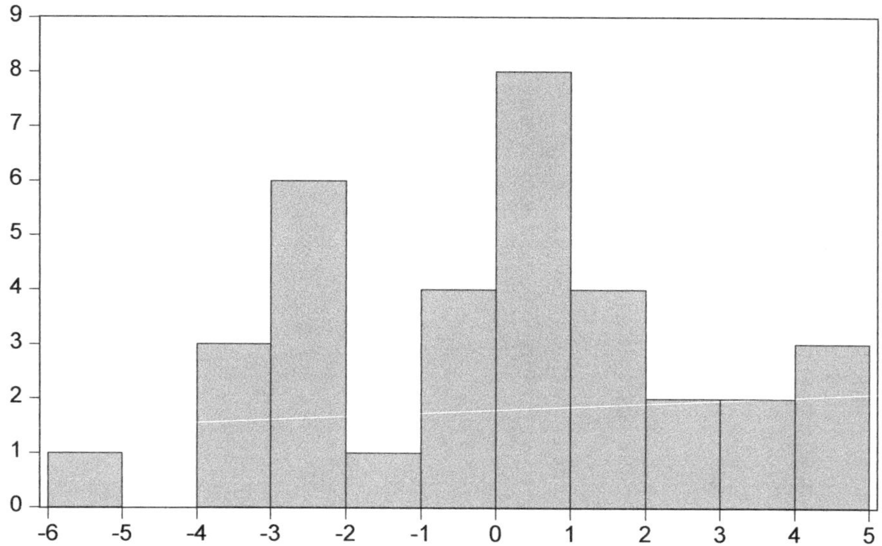

Series: Residuals
Sample 1981 2014
Observations 34

Mean	-7.05e-15
Median	0.115483
Maximum	4.588138
Minimum	-5.160636
Std. Dev.	2.529624
Skewness	0.000691
Kurtosis	2.295591
Jarque-Bera	0.702941
Probability	0.703653

- **Test d'absence d'autocorrélation de Breusch-Godfrey**

Le test de Breusch-Godfrey dont les résultats sont repris ci-dessous, montre que le modèle ne souffre pas d'un problème d'autocorrélation des erreurs.

Breusch-Godfrey Serial Correlation LM Test:			
F-statistic	2.480960	Prob. F(2,24)	0.1049
Obs*R-squared	5.825073	Prob. Chi-Square(2)	0.0543

- **Test d'héteroscédasticité : Test d'ARCH**

Le test ARCH met en évidence l'absence d'un éventuel problème d'hétéroscédasticité.

Heteroskedasticity Test: ARCH			
F-statistic	0.769884	Prob. F(1,31)	0.3870
Obs*R-squared	0.799694	Prob. Chi-Square(1)	0.3712

- **Test d'absence de colinéarité de Klein**

La matrice de corrélation ci-après nous permet de conclure aussi à l'absence d'un problème de multicolinéarité.

Corrélation	*D(LQI)*	*D(LInvp)*	*D(LHum)*	*PIBh*(-1)	*LQI*(-1)	*LInvp*(-1)	*LHum*(-1)
D(LQI)	1.000000						
D(LInvp)	0.336788	1.000000					
D(LHum)	-0.137061	0.161336	1.000000				
PIBh(-1)	0.002834	0.054601	0.067856	1.000000			
LQI(-1)	-0.500586	-0.108065	0.000282	0.665235	1.000000		
LInvp(-1)	-0.168515	-0.377615	-0.158957	0.661798	0.618853	1.000000	
LHum(-1)	0.150803	0.080190	0.025968	0.583777	0.363436	0.162881	1.000000
	$R^2 = 0.473844$						

- **Test de stabilité des paramètres**

Le test cusum, mené à travers le graphique ci-après, indique que les paramètres obtenus sont stables.

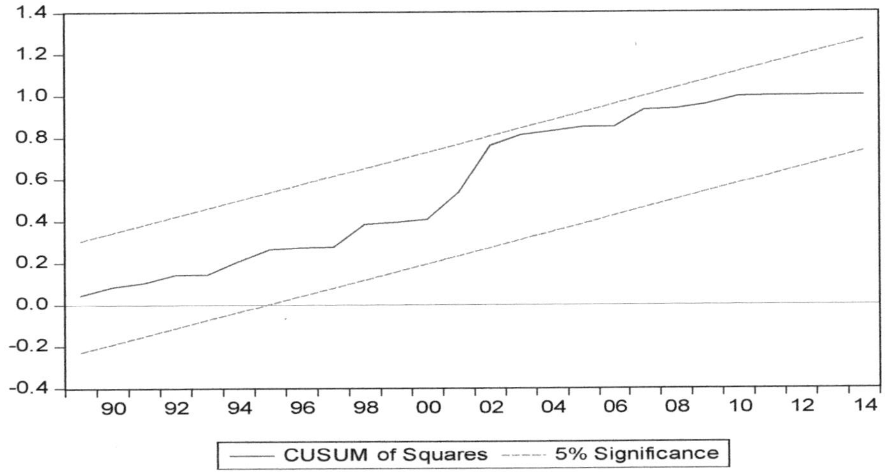

Tout compte fait, nos résultats empiriques sont pertinents et peuvent donc faire l'objet d'une interprétation et même nourrir la réflexion sur les prescriptions de politiques publiques. Pour nourrir davantage la réflexion, nous avons jugé nécessaire d'effectuer un test de causalité de Granger. Il ressort des éléments du tableau ci-après les constats suivants : (i) la qualité des institutions cause la croissance du PIB/habitant ; (ii) la qualité des institutions cause l'investissement privé ; et (iii) le capital humain cause la qualité des institutions.

De prime abord, on comprend que les réformes institutionnelles devraient jouer un rôle de premier rang dans le développement économique de la RDC. Mais pour que les réformes réussissent, il faudrait que le pays poursuive ses efforts dans l'accumulation et l'amélioration de la qualité de son stock de capital humain.

Tableau 8. Test de causalité de Granger

Pairwise Granger Causality Tests

Lags: 2

NullHypothesis:	Obs	F-Statistic	Prob.
D(Log Indice de qualité institutionnelle) does not Granger Cause D(Croissance du PIB/H)	32	3.74496	0.0367
D(Croissance du PIB/H) does not Granger Cause D(Log Indice de qualité institutionnelle)		2.24870	0.1249
D(Log Capital humain) does not Granger Cause D(Croissance du PIB/H)	32	0.17103	0.8437
D(Croissance du PIB/H) does not Granger Cause D(Log Capital humain)		0.36264	0.6992
D(Log Investissement privé) does not Granger Cause D(Croissance du PIB/H)	32	0.22665	0.7987
D(Croissance du PIB/H) does not Granger Cause D(Log investissement privé)		5.09297	0.0133
D(Log Capital humain) does not Granger Cause D(Log Indice de qualité institutionnelle)	32	5.62889	0.0091
D(Log Indice de qualité institutionnelle) does not Granger Cause D(Log Indice de qualité instit.)		0.23727	0.7904
D(Log Investissement privé) does not Granger Cause D(Log Indice de qualité institutionnelle)	32	0.01559	0.9845
D(Log Indice de qualité institutionnelle) does not Granger Cause D(Log Investissement privé)		3.42316	0.0473
D(Log Investissement privé) does not Granger Cause D(Log Capital humain)	32	1.36599	0.2722
D(Log Capital humain) does not Granger Cause D(Log Investissement privé)		0.55658	0.5796

4.3. Vérification des hypothèses et recommandations

4.3.1. Vérification des hypothèses

Dans la première partie de cette étude, il a été postulé ce qui suit :

- les réformes institutionnelles (politiques et économiques) sont nécessaires pour le développement d'un pays, surtout pour un pays qui – durant plusieurs années – était plongé dans une crise multiforme persistante [à la fois politico-sécuritaire, économique et sociale]. Elles sont favorables à la croissance et au développement économique en ce qu'elles permettent de créer un nouveau cadre dans lequel devront se dérouler les activités économiques et financières du pays ;
- le succès des réformes institutionnelles est fortement conditionné par le contexte politico-sécuritaire qui prévaut dans le pays. Moins il y a de guerres ou de conflits armés, plus grands devraient être les impacts des réformes institutionnelles sur la marche de l'économie. Ceci tient entre autre au fait que les dépenses militaires ou sécuritaires évincent les autres dépenses étatiques et réduisent, de ce fait, la marge de manœuvre pour opérer des réformes. Aussi, le contexte politico-sécuritaire exerce une influence directe sur l'accumulation de capital et le déroulement des activités productives ;
- Les réformes institutionnelles demandent à se traduire par un nouveau mode de gouvernance et de nouvelles attitudes de la part des opérateurs économiques pour qu'elles portent les fruits escomptés. En plus de la définition de nouvelles règles de jeu, les acteurs de l'économie (décideurs politiques, entreprises et ménages) devraient adopter de nouveaux comportements pour que le cours des choses s'améliore fondamentalement. Il faudrait pour ce faire, renforcer l'autorité de l'Etat dans le pays, pour qu'il soit apte à faire respecter les nouvelles règles et en élargir la portée.

Au regard des résultats empiriques obtenus, nous affirmons que, tant dans le court terme que dans le long terme, la RDC a besoin d'améliorer la qualité de ses institutions afin de renforcer la croissance de son économie. Les paramètres du modèle associés à la qualité des institutions sont statistiquement significatifs. Il y a même lieu de noter que les résultats indiquent que les effets de long terme de la qualité institutionnelle seraient plus importants que ceux de court terme (les coefficients sont respectivement 3,8111 et 7,1963). Le test de causalité de Granger que nous avons effectué montre bel et bien que la qualité des institutions cause la croissance économique en RDC.

Aussi, si l'on se rapporte à la série indice de la qualité institutionnelle (voir en annexe), on se rendra bien compte qu'après avoir considérablement baissé à la fin de la décennie 1980 et durant la décennie 1990, l'indice a amorcé sa reprise au début des années 2000, et s'est consolidé en 2012/2013. Sa valeur maximale a été atteinte en 2014, soit 5,25 contre un médian de 5,5 et une moyenne de 3,39 pour la période allant de 1980 à 2014. Cette évolution est compatible avec la dynamique affichée par l'économie au passage du temps car durant les périodes où l'indice était en baisse, il a été observé un repli de l'activité économique, et vice versa. C'est ce qui est reflété par le coefficient de corrélation de Spearman qui lie la croissance économique à la qualité des institutions (0,6927).

Parmi les éléments constitutifs de l'indice de la qualité institutionnelle, nous avons pris en compte la stabilité institutionnelle et l'absence ou la présence des conflits armés, car nous sommes d'avis que ce sont des facteurs qui affectent aussi bien l'action des pouvoirs publics que le comportement de l'économie. Ainsi, les résultats obtenus après estimation montrent que, dans le court et long terme, la qualité des institutions joue sur l'économie. On peut donc conclure que la situation sécuritaire et la stabilité politico-institutionnelle sont des déterminants du progrès économique. Ce résultat est également confirmé par d'autres auteurs, tels que Akitoby – Cinyabuguma (2004) et Nshue – Boendi (2015) dont les travaux ont bien montré que l'instabilité politico-institutionnelle a eu une incidence négative sur l'économie de la RDC. A leur tour, les données historiques du pays montrent qu'en période de conflit, le rythme des réformes baisse alors que ce rythme s'accroît en période de stabilité politico-sécuritaire.

Les résultats du test de causalité de Granger établissent par ailleurs que la qualité des institutions cause l'investissement privé en RDC. El Morchid (2010) a tiré également la même conclusion sur un échantillon de 24 pays africains (y compris la RDC). On peut donc conclure que les réformes institutionnelles entreprises par le gouvernement ces dernières années, sont pleinement justifiées et ont eu un impact sur la marche de l'économie. Comme l'indiquent le coefficient de corrélation qualité institutionnelle – investissement privé (0,6228) et les données historiques du pays, il existe un lien fort entre ces deux variables.

Pour s'en convaincre davantage, on pourrait discuter des effets des différentes composantes de l'indice de la qualité des institutions sur l'investissement privé. Il est, en effet, de notoriété publique que la stabilité politico-institutionnelle, la confiance dans le système financier, la qualité des infrastructures publiques et la protection des droits de propriétés sont des facteurs qui stimulent l'investissement privé. Lorsque des actions sont menées en vue de répondre aux problèmes posés dans ces différents segments de la vie nationale, il est plus qu'évident que le taux d'investissement privé reprenne et qu'il s'en suive un retour ou une consolidation de la croissance économique.

Suivant la revue de la littérature que nous avons présentée dans la première partie de cet ouvrage, on comprend que les réformes visent à édicter de nouvelles règles du jeu. Celles-ci sont importantes mais ne suffisent pas dans la mesure où leur non-respect ne donnerait pas lieu à de bons résultats. En examinant certains éléments constitutifs de notre indice de la qualité institutionnelle, notamment la qualité des politiques macroéconomiques, la puissance de l'Etat, la capacité à fournir les biens publics, on se rend bien compte que les améliorations observées ces dernières années en termes de taux de croissance et de taux d'investissement ne sont pas le fait du hasard. Il y a eu certes un changement de comportement.

En ce qui concerne particulièrement la gestion des finances publiques, on se rend aussi compte que l'espace budgétaire national s'est élargi ces dernières années, et que la capacité de l'Etat à fournir les biens publics a augmenté sans que cela n'énerve l'inflation. Cet état de choses tient au fait que la gestion budgétaire s'est améliorée et est devenue soutenable. Autrement dit, le gouvernement a mis un terme à la dominance budgétaire sur la politique monétaire en luttant contre la systématisation des déficits publics. En outre, il a eu à constituer, à partir de 2010, des marges de trésorerie qui ont servi de véritables amortisseurs budgétaires qui permettent ainsi de faire face à certains chocs exogènes ayant secoué l'économie. La décision prise de ne plus recourir aux avances de la banque centrale pour couvrir un éventuel déficit public, et la discipline budgétaire affichée par l'Etat à cet effet, ont permis de maîtriser la liquidité intérieure et de préserver la stabilité des prix intérieurs.

D'ores et déjà, il est important de signaler que le test de causalité de Granger établit une causalité unidirectionnelle allant du capital humain vers la qualité des institutions. On peut donc conclure que le pays devrait investir suffisamment dans le capital humain, s'il veut réellement améliorer la qualité de ses institutions. Ceci est du reste évident, car pour suggérer de bonnes règles de jeu, il faudrait être suffisamment instruit et avoir une vision. Le changement de comportement devant accompagner les réformes est rendu facile lorsque l'on traite avec des personnes instruites et capables de bien comprendre le bien-fondé des réformes.

4.3.2. Recommandations

A la lumière des résultats obtenus après estimation de notre modèle, nous estimons que les efforts de développement économique de la RDC devraient procéder d'une amélioration profonde de la qualité de ses institutions, aussi bien politiques qu'économiques. Des actions devraient être envisagées pour renforcer l'autorité de l'Etat et la primauté du droit sur toute l'étendue de la république. Cela permettrait alors de répondre aux préoccupations liées à la sécurité intérieure ou à la protection des frontières nationales.

Le mode de gouvernance devrait davantage s'améliorer pour permettre aux politiques publiques de répondre aux vrais problèmes rencontrés par la population, dans son vécu quotidien. Il faudrait ainsi concevoir de bonnes politiques et s'assurer de leur mise en œuvre efficace. Il y a donc nécessité d'améliorer le processus d'élaboration, de mise en œuvre et de suivi des programmes et plans de développement. Il faudrait également accroître l'espace budgétaire national pour donner au gouvernement les moyens de sa politique. Avec un espace fiscal limité, quand bien même on pourrait disposer de meilleurs programmes et plans de développement, on ne saurait mettre en œuvre des politiques satisfaisantes. Aussi pensons-nous que, pour une meilleure collecte des recettes fiscales, il faudrait approfondir les réformes des régies financières et des services de collectes des recettes publiques à tous les niveaux de l'appareil étatique. La mise en place d'une chaîne de la recette publique s'avère importante.

Au-delà d'une mobilisation accrue des recettes publiques, il faudrait être rassuré de la qualité de la gestion financière des préposés de l'Etat. Pour ce faire, il faudrait renforcer la transparence, la traçabilité et la redevabilité. Le développement des outils modernes de gestion des finances publiques devrait être envisagé pour une plus grande célérité dans le traitement des dossiers, l'élaboration des états de suivis budgétaires et la tenue de la comptabilité publique. Un barème de sanctions devrait nécessairement être conçu et scrupuleusement respecté pour endiguer la corruption, les cas de détournements et toutes les autres tares qui pourraient affecter la gouvernance des finances publiques. Le rôle de la Cour des comptes et d'autres structures compétentes, devrait être joué pleinement mais il faudrait les doter des moyens bien conséquents.

Par ailleurs, les efforts entrepris dans le cadre de l'assainissement du climat des affaires demandent à être approfondis pour promouvoir les droits de propriété, accroître le taux d'investissement et développer le secteur privé de l'économie. Certaines taxes superflues devraient disparaître et les avantages conférés par le code des investissements être accordés conformément aux prescrits de la loi. Puis, les différends en matière de commerce devraient faire l'objet d'un traitement équitable. Ainsi, pour un meilleur financement de l'économie congolaise, il faudrait également envisager un approfondissement des réformes dans le secteur financier. Il faudrait davantage réduire les éléments de risque, assurer une meilleure collecte de l'épargne, amener les institutions financières à accorder plus de crédits dans des projets pour lesquels la rentabilité économico-financière serait bien garantie.

Conclusion de la première partie

La première partie de cet ouvrage a été consacrée à l'examen de la relation existant entre la qualité des institutions et les résultats économiques en République Démocratique du Congo (RDC). Elle a eu, comme point de départ, une présentation de la revue de la littérature tant théorique qu'empirique sur le lien qualité institutionnelle – résultats économiques. Le problème et la question de l'étude tirent leurs sources de l'expérience de la RDC et de la revue de la littérature. Il en est de même des hypothèses formulées, des objectifs identifiés et de la méthodologie utilisée. En substance, sans préjudices de certaines nuances apportées par d'autres auteurs, les résultats de notre analyse économétrique, portant sur la RDC pour la période 1980 – 2015, permettent de dire que la bonne gouvernance, la démocratie, la stabilité politico-institutionnelle, l'absence de conflit constituent des ferments de la croissance et du développement économique. Dans la suite de l'ouvrage, nous allons évaluer le fonctionnement de l'Etat en RDC afin de donner un fondement historico-analytique aux évidences économétriques auxquelles nous sommes arrivés.

Deuxième partie

Evaluation de l'Etat en République Démocratique du Congo

Chapitre 1
Autorité et société

Les missions assignées à l'Etat et la manière dont il s'en acquitte déterminent largement les perspectives de croissance et de développement économique de tout pays. L'expérience de plusieurs pays montre que le développement n'a pas seulement besoin de la disponibilité des forces productives matérielles, telles que les ressources naturelles et le capital technique. Mais aussi et surtout de la présence des bases institutionnelles adéquates qui déterminent l'efficacité de l'Etat et qui forment le fondement immatériel d'un développement durable. En RDC, les facteurs qui limitent l'efficacité du rôle de l'Etat sont multiples et variés. Dans ce chapitre, nous les analyserons à travers un examen de l'instabilité du système politique, de la caducité des gouvernements, de l'inefficacité de l'administration publique et de l'immixtion des organisations non-gouvernementales (ONG) et des partenaires au développement dans la gestion des affaires intérieures du pays.

1.1. Système politique congolais

L'organisation et le fonctionnement des institutions publiques sont étroitement liés à la nature du système politique qui régit un pays. Le système politique de la RDC a connu de nombreuses mutations, de l'accession du pays à l'indépendance (1960) à ce jour. En vue de mieux cerner le fonctionnement de l'appareil étatique congolais, il est pertinent de faire d'abord l'évaluation de son système politique. En effet, l'histoire politique montre que la RDC a connu principalement quatre grandes périodes, dont chacune correspond à un système politique particulier. Il s'agit des périodes ci-après : (i) Première République (1960-1965) ; (ii) Deuxième République (1965-1990) ; (iii) La Transition (1990-2006) : avec Mobutu Sese Seko (1990-1997) ; avec Laurent-Désiré Kabila (1997-2001) ; avec

Joseph Kabila (2001-2003) ; et avec le Système 1 + 4 (2003-2006) ; (iv) Troisième république : 2006 à nos jours.

1.1.1. Première République

Cette première période de l'histoire politique de la RDC a été régie par la Loi fondamentale ou la Constitution de 1960-1964. Celle-ci consacrait la séparation et l'indépendance des pouvoirs ; elle stipulait que les trois pouvoirs classiques (législatif, exécutif et judiciaire) étaient indépendants. Cependant, dès son accession à l'indépendance, le pays a été engagé dans une zone de turbulences, de crises et d'instabilité politique qui s'est traduite, entre autre, par la révocation anticonstitutionnelle du Premier ministre Patrice Lumumba par le Président Kasa-Vubu, le 5 septembre 1960. Cette décision fut rejetée par le Parlement ; ce qui permit au Premier ministre Lumumba de renvoyer, à son tour, le président Kasa-Vubu.

Le 11 juillet 1960, après la proclamation officielle de l'indépendance, la province du Katanga, sous la conduite de Moïse Tshombe du reste mécontent de la répartition des portefeuilles ministériels par le Premier ministre Lumumba, fait sécession suivie quelque temps après par le Sud-Kasaï de Kalonji Ditunga «Mulopwe». Il sied de noter que déjà en juin 1960, il y avait eu 3 tentatives de sécessions avortées. Tshombe avait prétexté que le gouvernement de Lumumba était communiste. Le 14 septembre 1960, le colonel Mobutu avait neutralisé le Président Kasa-Vubu et le Premier ministre Lumumba pour installer le gouvernement des «Commissaires généraux ». En janvier 1961, Lumumba fut assassiné et ses partisans [dont le Vice-premier ministre Gizenga ainsi que d'autres fidèles, tels que Gbenye, Mulele, Olenga et Soumialot] se sont repliés à Stanleyville. Le pays fut plongé dans une très grande confusion politique. A l'initiative de l'Organisation des Nations-Unies (ONU) et de quelques leaders africains, tous les protagonistes furent invités à la table des négociations. Après les échecs des Tables rondes de Léopoldville, de Tananarive et de Coquilhatville, les « frères » ennemis congolais ont fait la paix des braves au Conclave de Lovanium, en sortant un gouvernement d'union nationale sous la direction de Cyrille Adoula.

Après le Gouvernement Adoula, le pouvoir à Kinshasa a été confié au Premier ministre Moïse Tshombe en 1964. Le président Kasa-Vubu avait entre-temps suspendu la Constitution par le Parlement, en septembre 1963. C'est seulement en 1964 qu'une nouvelle Constitution – la Constitution de Luluabourg – fut approuvée par référendum. Cependant, cette Constitution fut abolie par le Président Mobutu, qui s'empara du pouvoir le 24 novembre 1965, après son coup d'Etat contre le Président Kasa-Vubu, et ouvrit une longue période de pouvoir sans partage qui ne se refermera que 32 ans plus tard, soit le 17 mai 1997. Aussi, l'abrogation de la Constitution de Luluabourg donna-t-elle lieu à l'avènement de la Deuxième République et engendra-t-elle un pouvoir quasiment monarchique, avec l'institutionnalisation du Mouvement populaire de la révolution (MPR) comme Parti-Etat, et parti unique.

1.1.2. Deuxième République

L'institutionnalisation du MPR en 1970 et sa transformation en Parti-Etat en 1974 ont été des faits majeurs déclencheurs de la Deuxième République. En effet, l'article 19 bis de la Constitution du 24 juin 1967 révisée par la loi n°70-001 du 23 décembre 1970 stipulait déjà : « le Mouvement Populaire de la Révolution est l'institution suprême de la République (...). Toutes les autres institutions lui sont subordonnées et fonctionnent sous son contrôle » [Matadi Nenga (1997)]. Le pays connut ainsi la privatisation de son appareil étatique qui se traduisit par la confiscation du pouvoir politique par le MPR dont certains dirigeants disposaient des privilèges faisant d'eux des « hors la loi ». La Deuxième République a été ainsi caractérisée par une profonde vacuité de l'Etat à tous les niveaux à cause de l'effritement de son autorité et de son incapacité à remplir ses fonctions primaires. Il en a résulté peu à peu la déliquescence de l'appareil étatique, converti en système kleptocrate, nuisible à l'économie.

Après une période de stabilité politique relativement longue, le régime du Président Mobutu entra dans une zone de fortes turbulences, à partir de 1990, à la suite d'une double rupture. D'abord la rupture des équilibres fondamentaux au sein de la communauté internationale, symbolisée par l'écroulement du mur de Berlin qui mit ainsi fin aux blocs Est et Ouest. Ensuite, la crise de légitimité intérieure dans le monde des dictatures en proie à des revendications populaires, en vue de la libération de la vie et des institutions politiques dont les bilans étaient globalement très négatifs.

1.1.3. Transition Politique : 1990-2006

Cette longue période de transition a connu beaucoup de mutations politiques qui se sont successivement traduites par des changements de régimes, l'émergence d'une culture insurrectionnelle et le recours au militarisme comme mode d'accès et de conservation du pouvoir politique en RDC. Elle a connu les trois phases ci-après.

a. Première transition politique (1990-1997) : confusion et crise politiques

La Transition a été déclenchée par le discours historique du Président Mobutu du 24 avril 1990. Au plan institutionnel, ce discours se traduisait notamment par les décisions suivantes :

- la fin de l'institutionnalisation du MPR, avec comme conséquence : la suppression de son rôle dirigeant, la séparation nette entre le parti et l'Etat, la réhabilitation des trois pouvoirs traditionnels (législatif, exécutif et judiciaire) comme les seuls organes constitutionnels,
- la dépolitisation de la fonction publique territoriale, des forces armées, de la gendarmerie, de la garde civile et des services de sécurité,
- l'introduction du multipartisme à trois au Zaïre, l'instauration d'un pluralisme syndical ;
- la révision de la Constitution en vue de l'adapter à la nouvelle conjoncture.

Cependant, en dépit de toutes ces réformes, la gestion du pays était toujours régie par la Constitution de la Deuxième République et se caractérisait par la confusion des pouvoirs et leur concentration entre les mains du Président de la République, qui avait le pouvoir de nommer, de révoquer et de légiférer. La Conférence Nationale Souveraine (CNS), qui était appelée à marquer un nouveau départ du pays, se révéla finalement comme une occasion manquée en raison de sa fermeture en catastrophe et du refus de la non-application de ses résolutions par le Chef de l'Etat.

L'économie était exsangue et l'Etat ne remplissait plus ses fonctions essentielles, tels que l'entretien des infrastructures ou la fourniture des services sociaux de base. En revanche, il était toujours privatisé par une minorité détentrice des pouvoirs qui cherchait souvent à en tirer un profit financier personnel. En mai 1997, la fuite du Président Mobutu du pays permit à l'Alliance des Forces Démocratiques pour la Libération du Congo (AFDL) de prendre le pouvoir avec Laurent-Désiré Kabila.

b. Système de l'Alliance des Forces pour la Libération du Congo (AFDL)

De septembre 1996 à mai 1997, le pays fut secoué par la rébellion de l'AFDL. Le 17 mai 1997, cette rébellion finit par renverser le régime de Mobutu déjà affaibli par les contestations internes et les institutions de la Transition issues de la CNS. Le Président Laurent-Désiré Kabila fut ainsi porté au pouvoir. Le nouveau Président de la République prit un décret-loi en date du 28 mai 1997 réglant l'organisation et l'exercice du pouvoir dans le pays. Aux termes de l'article 3 dudit décret-loi, il fût institué, au Congo, trois institutions : le Président de la République, le Gouvernement ainsi que les Cours et tribunaux. L'article 4, qui définit les pouvoirs du Président de la République, est ainsi libellé : « Le Président de la république exerce le pouvoir législatif par décrets-lois délibérés en Conseil de ministres. Il est le Chef de l'exécutif et des forces armées. Il exerce le pouvoir réglementaire par voie de décrets (…) ».

En dépit d'un large soutien populaire dont elle avait bénéficié, l'AFDL ne réalisa des actions d'éclat que pendant une courte durée. Son implosion en août 1998 donna lieu à une recomposition des alliances internes et externes qui soumit les populations congolaises à la rude épreuve d'une deuxième rébellion. Une partie des dirigeants de l'AFDL entra en rébellion à partir de Goma dans la province du Nord-Kivu. Le pays fut alors divisé en quatre territoires autonomes administrés respectivement (i) par le Gouvernement central pour la totalité de la ville de Kinshasa, les provinces du Bandundu et du Bas-Congo, une partie des provinces du Kasaï-Occidental, du Kasaï-Oriental, du Nord-Kivu, de la province Orientale et du Katanga ; (ii) par le MLC pour une partie de l'Equateur et de la province Orientale ; (iii) par le RCD/ML pour une partie du Nord-Kivu et de la province Orientale et (iv) par le RCD/N pour quelques territoires de la province Orientale.

c. *Système 1 + 4*

Le système politique dénommé génériquement « 1 + 4 » a pris naissance à la suite du Dialogue Inter Congolais organisé à Sun City pour mettre fin à la guerre qui déchirait le pays. Face à l'incapacité des forces politiques à dégager un consensus sur la gestion du pays, les négociations ont été prises en charge par le Conseil de Sécurité des Nations-Unies sous les auspices du Président Sud-africain et d'une équipe d'experts en provenance des pays comme la Suisse, le Canada, le Botswana et le Sénégal. Ainsi les composantes et les entités du Dialogue Inter Congolais ont-elles conclu un Accord global et inclusif sur la transition en RDC. Aux termes de cet Accord, les institutions ci-après ont été créées :

- la Présidence, composée d'un Président de la République et de quatre Vice-présidents ;
- le Gouvernement dont les portefeuilles ministériels étaient répartis entre les composantes et entités au Dialogue Inter Congolais ;
- le Pouvoir législatif à deux chambres, l'Assemblée nationale, composée de 500 membres et le Sénat, composé de 120

membres tous désignés par les composantes et entités au Dialogue Inter Congolais ;

- les Cours et Tribunaux ;
- les Institutions d'appui à la démocratie : (i) la Commission Electorale Indépendante, (ii) l'Observatoire National des Droits de l'Homme, (iii) la Haute Autorité des Médias, (iv) la Commission Vérité et Réconciliation, (v) la Commission de l'Ethique et de la Lutte contre la Corruption.[1]

L'Accord Global et Inclusif de Sun City mit en place un régime de partage du pouvoir entre les anciens belligérants et élimina tout contrôle institutionnel. Durant cette période, le parlement n'avait pas, comme auparavant, le pouvoir de sanctionner par une motion de censure un membre du gouvernement ou le gouvernement tout entier. Les Accords signés ne prévoyaient pas cette disposition.

1.1.4. Troisième République

L'installation des nouvelles institutions républicaines issues des urnes (en 2006) ouvrit ainsi une nouvelle ère de l'histoire de la RDC. Après plusieurs décennies de mauvaise gestion, d'instabilité, de conflits politiques et d'insécurité, la population congolaise choisit démocratiquement pour la première fois ses dirigeants politiques. Le pays a été doté de nouvelles institutions : Président, Parlement (Sénat et Assemblée nationale), Assemblées provinciales, gouvernements provinciaux. Etant issues des urnes, ces institutions n'ont pas souffert d'une crise de légitimité et ont joui d'un crédit nécessaire à la stabilité et à une gestion efficace des projets de développement de grande envergure pour éradiquer la pauvreté. C'est un progrès énorme accompli par les autorités du pays, d'autant plus que le processus d'obtention de ces institutions s'est fait de manière transparente.

[1] Voir http://www.geocities.com/bureaupolitiquefsd/signature.

1.2. Gouvernement

L'évaluation du pouvoir exécutif est d'une importance particulière, car ce pouvoir détient les principaux leviers de commande de l'appareil étatique. Son organisation et son fonctionnement déterminent largement les possibilités de développement d'un pays. Rostow (1960) note que d'une manière générale, les pays connaissent le démarrage de leurs économies avec l'arrivée au pouvoir politique d'un groupe d'hommes disposés à considérer la modernisation de l'économie comme une affaire politique de la plus haute importance.

En RDC, la caractéristique récurrente des Gouvernements a été, durant la période 1960 -1990, le manque de vision et de leadership de développement, ainsi que l'instabilité se traduisant par des changements ministériels fréquents et des remaniements intempestifs. Il importe aussi de noter que pendant la Deuxième République, l'exercice des fonctions ministérielles obéissait plus au militantisme qu'aux impératifs d'efficacité en l'occurrence, la compétence, la qualification, les valeurs de gestion, ... Les portefeuilles ministériels étaient alors réservés aux fidèles et privilégiés du régime qui juraient leur fidélité au Président-Fondateur du MPR et n'avaient donc de comptes à rendre qu'à ce dernier. Dans un tel contexte, un gouvernement ne pouvait pas avoir l'obligation des résultats, surtout du fait qu'il n'était pas l'émanation du peuple par la voie électorale. Ainsi, les interpellations parlementaires étaient fantaisistes et donc inefficaces.

Cette situation a eu pour effet d'encourager la mégestion à grande échelle. Ainsi en cas de faute, un ministre pouvait être permuté d'un portefeuille à un autre, et en cas de faute grave menaçant la sécurité du régime, un ministre pouvait alors être révoqué, du reste sans poursuite judiciaire pour être recasé plusieurs années plus tard. Les désordres caractérisant le fonctionnement des gouvernements se sont davantage aggravés pendant la période de Transition car le Gouvernement allait de crise en crise, et n'avait plus ni la légitimité, ni l'appui des populations, ni les moyens financiers et politiques pour gouverner le pays.

En dépit de la suppression de quelques structures et manifestations du MPR, et le développement d'un esprit de tolérance et de liberté d'expression, les méthodes de gestion gouvernementale n'avaient pas connu beaucoup d'amélioration après la chute de Mobutu. Le régime de l'AFDL fut également caractérisé par la concentration des pouvoirs entre les mains du Président de la République.

L'examen du tableau A.1 repris en annexe montre que c'est depuis 1960 que le pays est dans l'instabilité politico-institutionnelle. Pendant la période de Transition, il a connu 16 gouvernements, et parfois, il y avait le dédoublement des institutions. Ce qui est dramatique et qu'il convient d'épingler, c'est le fait que la plupart de ces gouvernements de transition étaient éphémères, avec une durée moyenne de 12 mois. La durée la plus longue a été de 41 mois et 15 jours et la plus courte de 3 jours.

Il est évident que dans un tel contexte d'instabilité, les gouvernements ne puissent pas mettre en œuvre une politique globale et cohérente de développement économique. Ce désordre politique s'accompagnait également de modifications fréquentes des textes constitutionnels, comme on peut le constater ci-après : la constitution de la République du Zaïre du 5 juillet 1990, l'Acte portant dispositions constitutionnelles du 4 aout 1992, l'Acte constitutionnel harmonisé du 2 aout 1993, l'Acte constitutionnel de la transition du 9 avril 1994, le Décret-loi constitutionnel de l'AFDL du 27 mai 1997 et la Constitution du 18 février 2006.

1.3. Administration publique

L'administration publique constitue un précieux instrument de développement d'un pays car c'est d'elle que dépend largement l'efficacité de l'Etat dans la fourniture des biens et services collectifs. Pour la RDC, cette administration a été affaiblie sur plusieurs plans au point qu'elle s'est révélée pendant longtemps comme une entité contreproductive, techniquement et moralement faible, sous-équipée, mal payée et mal gérée. Avant la réforme de 2012, le diagnostic réalisé par le

Gouvernement[2] sur la situation de l'administration publique congolaise faisait état des dysfonctionnements suivants :

- cadre juridique obsolète et inadapté à l'évolution du contexte du pays ;
- cadre organique non uniforme et inadéquat par rapport au besoin réel en ressources humaines, avec comme conséquence la multiplicité des structures organiques par Ministère et souvent peu efficace ;
- impact budgétaire important en termes de charge couverte par l'Etat pour une administration publique inefficace ;
- politique de recrutement inadaptée renforcée par une gestion irrationnelle des ressources humaines, des emplois et des effectifs ;
- non-application rigoureuse et systématique du statut des agents des carrières des services publics de l'Etat ;
- non-respect des normes et des règlements d'administration, notamment ceux relatifs à la cotation et à l'avancement de grade, au régime disciplinaire, aux avantages sociaux en cours de carrières et autres ;
- vieillissement du personnel de l'Etat ;
- absence d'un régime de protection sociale, d'une politique de rémunération et des avantages sociaux ;
- non-maitrise de la masse salariale de la fonction publique ;
- désintéressement des fonctionnaires par rapport aux politiques, aux programmes, aux projets publics ainsi qu'à des réformes engagées par le Gouvernement ;
- manque d'outils de travail adaptés et un usage des techniques, technologies et méthodes de gestion obsolètes ;
- inefficacité et défaillance des systèmes, procédures, processus et des outils utilisés dans l'Administration publique ;
- inexistence d'un système de suivi-évaluation de la carrière et de la performance des agents de l'Etat ;
- absence d'une politique équitable de motivation sur le plan de la rémunération et des avantages de fin de carrière ;
- personnel pléthorique dont le profil ne correspond pas toujours aux exigences du poste ;
- déficit d'éthique professionnelle et règne d'antivaleurs ;

---

2 Ministère de la Fonction Publique (novembre 2013).

- non-respect de textes et procédures existants ;
- lenteur administrative dans la prise des décisions ;
- système opaque et inégalitaire d'attribution des primes ;
- mauvaise qualité des services offerts aux usagers ;
- système d'information et de communication interne et externe moins efficace ;
- mauvaises conditions de travail.

L'administration publique était caractérisée par d'énormes faiblesses du point de vue quantitatif et qualitatif, du point de vue du recrutement, de la formation, de l'évaluation, de la mutation et de la promotion des agents de l'Etat. Le recrutement au sein de la Fonction publique n'était pas basé sur les critères de mérite. Ainsi, un numéro matricule peut être attribué à plusieurs agents, et un agent peut aussi disposer de plusieurs numéros matricules et être payé par l'Etat dans plusieurs ministères ; les titres scolaires et académiques utilisés sont parfois de faux documents. Ces dysfonctionnements de l'administration publique avaient perverti ses missions essentielles. Ainsi, les biens et services publics non marchands étaient devenus commerçables. La notion d'intérêt général avait disparu et la plupart des fonctionnaires connaissaient des conditions de travail et de vie précaires. Certains d'entre eux, incapables de subsister avec leurs salaires dérisoires, ont perverti leurs fonctions.

L'administration publique était également caractérisée par une mauvaise utilisation des ressources humaines. Plusieurs services publics ne disposent pas d'une description claire des postes ni des attributions des agents. Certains agents sont en instance d'affectation et ceux qui sont affectés travaillent en moyenne 3 heures sur 8 heures réglementaires. Les délais de traitement des dossiers ne sont pas respectés. Ainsi, il arrive que des dossiers se perdent ou qu'ils soient classés carrément sans suite.

Suite à ces faiblesses criantes de l'administration publique, les bailleurs des fonds traditionnels ont mis en place, à la reprise de la coopération structurelle, des projets multisectoriels sous la gestion des agences d'exécution, autres que les structures pérennes existantes. En 2005, les opérations de recensement des agents et fonctionnaires de l'Etat ont été envisagées. Elles ont montré l'existence de plusieurs réseaux de faussaires. Le recensement effectué à Kinshasa indique que sur 69.678 agents recensés, hormis les ministères de l'Education, et de la Recherche scientifique, 12.687 agents mécanisés étaient irréguliers, c'est-à-dire, détenteurs de faux actes administratifs.[3] Le mauvais système de recrutement a favorisé l'émergence d'une administration publique pléthorique, caractérisée par des ressources humaines techniquement et moralement faibles. Par ailleurs, le pays ne disposait pas d'un système pérenne de formation des agents publics. Cette carence explique notamment l'affaiblissement des capacités techniques de la plupart des fonctionnaires de l'Etat. En 2013, le Gouvernement a lancé l'Ecole Nationale d'Administration (ENA) en vue de former des Hauts fonctionnaires de qualité.

Les équipements sont insuffisants et vétustes ; par conséquent le nombre de chaises est généralement inférieur à celui des agents au sein d'un bureau ; la priorité est réservée aux chefs hiérarchiques et aux premiers arrivés. L'évaluation des agents laissait également beaucoup à désirer ; ce qui explique les désordres enregistrés dans les promotions, et les affectations du personnel. La politique salariale au sein de l'Administration publique se révèle aussi défaillante dans la mesure où les salaires versés aux agents ne leur permettent pas de couvrir leurs besoins minima de subsistance.

Pour mettre fin à ces réalités consécutives à la mauvaise gestion et aux conflits qu'a connus ce pays, la réforme de l'administration en cours a pour objectif global de rendre les services publics sensibles aux besoins des citoyens et aux enjeux de développement du pays. Ainsi, la mise en œuvre du cadre stratégique de la réforme et modernisation de l'administration publique se veut être progressive et séquentielle, réalisant un dosage équilibré entre les besoins de structuration du processus sur le long terme (rationalisation des missions et des structures, maîtrise des effectifs et de la masse salariale) et ceux liés à l'amélioration graduelle et progressive de la performance des services publics (qualité des services, renforcement de capacités). Ainsi, la pierre angulaire de cette réforme est bâtie

---

[3] Voir http://www.digitalcongo.net.

autour de : (1) la capacité à restaurer une gestion orthodoxe des entrées, (2) la performance en cours de carrière des agents ainsi que (3) du cadre budgétaire relatif aux conditions salariales et à la protection sociale des fonctionnaires.

De manière concrète, des avancées ont pu être constatées en matière de recrutement au sein de l'Administration publique. Dès 2012, sous l'impulsion du Comité de pilotage pour la modernisation de l'administration publique présidé par le Chef du gouvernement, il a été procédé au gel des recrutements intempestifs des fonctionnaires. Les seuls recrutements autorisés visaient à répondre aux besoins spécifiques des administrations. Désormais, le ministre de la Fonction publique, responsable sectoriel de la réforme, bénéficie de l'implication directe des ministres ayant en charge le Budget, les Finances, le Plan et la Décentralisation sous la coordination du Premier ministre. Suite à cette décision du gel des recrutements, en dehors du rajeunissement compétitif, le ministre de la Fonction publique n'a signé que 04 arrêtés de nomination, en faveur de près de 500 jeunes universitaires recrutés sur concours. À titre de comparaison, entre octobre 2010 et avril 2012, le ministère de la Fonction publique avait sanctionné 31 arrêtés de recrutement d'un total de 73 951 agents. Concomitamment, ce gel de recrutements a vu intervenir la bancarisation de la paie. Ces mesures ont permis une meilleure maîtrise des effectifs et de la masse salariale.

Le rajeunissement de l'administration étant un besoin immédiat, un programme pilote innovant de recrutement compétitif de jeunes diplômés universitaires a été initié par le gouvernement avec l'implication du BCECO. La première vague de ces jeunes universitaires, constituée de 54 recrues en 2010, a été placée depuis 2011 dans les agences d'exécution des projets et programmes financés par les bailleurs. Des mécanismes d'évaluation et de formation ont été mis en place avec l'appui de cabinets internationaux spécialisés, afin de leur assurer une formation professionnelle structurée, leur permettant de devenir des experts juniors dans leurs domaines respectifs. Une deuxième vague de 107 jeunes professionnels a été recrutée pour être placée dans l'administration des finances en 2012. Le succès de cette initiative a suscité des demandes de jeunes universitaires dans plusieurs autres ministères. Une troisième vague de 60 jeunes énarques et 543 jeunes universitaires a ainsi été recrutée en 2014, et destinée à œuvrer dans les différentes administrations.

Ces initiatives vont s'ancrer à travers les mesures structurelles en cours d'examen par le Parlement pour la révision du cadre légal dont (1) le projets de loi fixant l'organisation et le fonctionnement des services publics du Pouvoir central, des Provinces et des Entités Territoriales Décentralisées ainsi que (2) le projet de loi portant nouveau statut des agents et fonctionnaires de l'Etat ont été transmis au Parlement. A l'issue des sessions parlementaires de 2015, la loi sur l'organisation et le fonctionnement des services publiques centraux, des Provinces et des ETD a été adoptée et transmise pour promulgation par le Chef de l'Etat. Quant au projet de nouveau statut des fonctionnaires, il a été adopté au Sénat et est en réexamen à l'Assemblée Nationale. Ce texte permettra notamment le lancement des opérations de souscription des contributions des salariés publics à la caisse de retraite autonome des fonctionnaires qui a été créée en 2015 par voie de décret.

1.4. Prolifération des ONG et intervention extérieure dans la gestion du pays

Durant plusieurs années où l'Etat a renoncé à ses missions essentielles, les forces vives du pays ont fait preuve d'imagination et de créativité pour mettre en place des stratégies de survie. Les populations ont été amenées à se prendre en charge pour pallier les insuffisances de l'Etat, en faisant notamment appel aux organisations non gouvernementales (ONG) pour la fourniture de certains biens et services collectifs. L'affaiblissement chronique de l'appareil étatique a aussi favorisé l'ingérence des bailleurs des fonds et des pays étrangers dans la gestion des affaires intérieures du pays. Pour Trefon (2004), « l'Etat congolais a cédé une partie de ses responsabilités aux organisations internationales, bilatérales et non gouvernementales qui disposent des moyens financiers et des connaissances techniques… ».

Depuis les années 1990, la RDC compte des milliers d'ONG intervenant dans la quasi-totalité des domaines de la vie nationale. Certaines d'entre elles assurent la construction et l'entretien des routes d'intérêt local, l'adduction d'eau potable, la construction des marchés publics, des écoles et des centres de santé. D'autres interviennent dans les domaines de la gouvernance (lutte contre la corruption et défense des droits de l'homme). La plupart de ces ONG nationales, par défaut de moyens, sont dépendantes de l'extérieur. Leurs activités sont souvent financées par des ressources provenant des organisations semblables des pays occidentaux et des organismes de coopération tant bilatérale que multilatérale. Cependant, il n'existe pas un cadre de concertation fiable entre les ONG et l'Etat. Ce qui compromet gravement le suivi des actions menées et leur coordination dans le cadre d'un programme national cohérent.

Au regard de la prolifération des ONG, le ministère de la Justice a été instruit d'amorcer l'identification des ASBL (ONG, fondations, ...) locales et internationales, confessionnelles et non confessionnelles, afin de procéder à l'assainissement du secteur. A l'issue de ce travail, il était prévu qu'un examen approfondi du dossier soit fait en vue des orientations idoines découlant des conclusions qui seront tirées. A titre conservatoire, il a été suspendu l'octroi d'agrément aux ASBL.

Sur le plan politique, le processus de transition a fait l'objet d'une forte implication de la communauté internationale. Pendant la première période de Transition allant de 1990 à 1997, l'implication de cette communauté se réalisait à travers le Groupe Permanent des ambassadeurs de trois pays appelé la « Troïka », qui était composé des Etats-Unis, de la France et de la Belgique. Les Ambassadeurs de ces pays se concertaient régulièrement sur la situation politique du pays et prenaient souvent position de manière ouverte sur les grandes orientations de la vie nationale. Par conséquent, les officiels et les politiciens se référaient régulièrement à eux pour la prise des décisions engageant le pays. C'est ainsi que le Président de la Conférence Nationale Souveraine effectuait régulièrement des voyages dans les capitales des pays précités chaque fois que la Conférence devait traiter des questions sensibles portant notamment sur les grandes options de la vie politique nationale.

La communauté internationale, qui s'est comportée comme un tuteur du Congo, initia et supervisa le Dialogue Inter Congolais. Face à l'incapacité des acteurs politiques congolais à trouver un compromis sur le mode de gestion de la Transition, la communauté internationale a été contrainte de proposer la formule 1 + 4 comme mécanisme de gestion du pays (un Président et quatre Vice-présidents). Au terme du Dialogue Inter Congolais en 2002, le Comité International d'Accompagnement de la Transition (CIAT) a été mis en place comme un cadre de référence et d'orientation de la politique nationale. A ce titre, il évaluait régulièrement la marche de la Transition et définissait la feuille de route que le gouvernement congolais était appelé à suivre. C'est ainsi qu'il est arrivé que le CIAT se prononce ouvertement contre une décision du gouvernement de Transition ou qu'un ambassadeur membre du CIAT critique une décision prise par le gouvernement. Vircoulon a qualifié cela d'une « sorte de souveraineté contrôlée ». Pour lui, le CIAT était bien plus qu'un accompagnateur : c'était la main qui guidait la transition puisqu'il définissait quasiment le travail gouvernemental et pesait de tout son poids pour désamorcer les tensions au sein du gouvernement de la transition. Pour mémoire, le CIAT comprenait tous les pays du Conseil de Sécurité et quelques pays africains dont la RSA. Même après les élections qui ont conduit à l'installation des nouvelles institutions de la Troisième République en 2006, certains pays occidentaux ont fortement milité pour la pérennisation du CIAT évoquant la fragilité du système démocratique et la nécessité de prévenir et d'éviter tout dérapage.

Chapitre 2
Provision et sécurité matérielle

Un Etat efficace, c'est bien celui qui offre à ses citoyens le maximum de sécurité matérielle en pourvoyant en même temps aux besoins fondamentaux de la vie et en garantissant un environnement économique sain qui permette aux entreprises de créer des richesses. Ce chapitre fait ainsi le point sur la capacité de l'Etat congolais à pourvoir aux besoins de sa population. On examinera successivement, l'évolution du PIB, le portefeuille de l'Etat, le niveau des infrastructures de base, le système monétaire et financier, la mobilisation des recettes publiques, l'allocation des ressources publiques et le climat des affaires.

2.1. Baisse du PIB et déliquescence du portefeuille de l'Etat

2.1.1. Baisse du PIB ou revenu national

Un Etat efficace crée naturellement les conditions propices à l'accumulation des richesses. A l'inverse, la déliquescence de l'appareil étatique paralyse l'économie et entretient la pauvreté. Le processus de décomposition de l'Etat en RDC a entraîné la destruction et l'effondrement progressif du tissu économique et social national. De 1960 à 2014, le pays n'a connu que deux périodes d'embellie économique. La première va de 1967 à 1974, avec un taux moyen de croissance de 7,6 % l'an et la seconde, de 2002 à 2014. Il faudrait noter que de 1975 à 2001, l'économie congolaise s'était enlisée dans une récession qui s'est durcie au fil des années, alors que la population n'a pas arrêté d'augmenter d'une année à une autre. Il en est résulté une forte détérioration des indicateurs de bien-être social.

Figure 1. Taux de croissance du PIB et de la population de 1985 à 2014

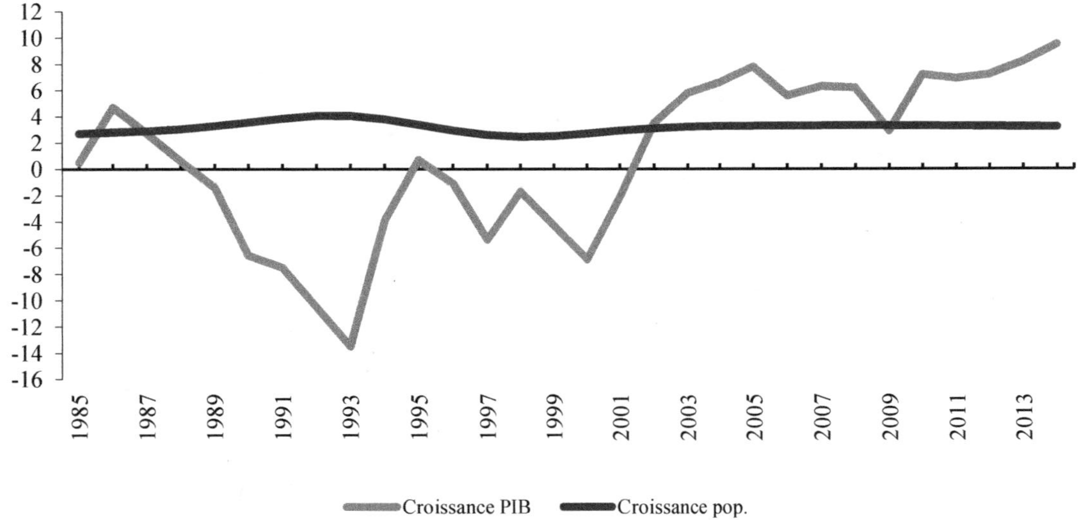

Le graphique ci-dessus illustre l'inadéquation qu'il y avait entre la croissance économique et la croissance démographique de 1985 à 2001. Le PIB baissait tandis que la population croissait. Une telle situation avait pour effet de maintenir le pays dans le cercle vicieux de la pauvreté, car le revenu individuel était constamment en régression. La taille de l'économie s'était rétrécie considérablement, au point que la valeur du PIB enregistrée en 2004 ne représentait que 91 % de celle de 1985, 20 ans auparavant. Le revenu par tête n'a donc été multiplié que par 0,48 après plus de deux décennies comme indiqué au tableau A.2 en annexe.

A partir de 2002, la reprise de l'activité économique a permis que la production croisse à un rythme moyen supérieur à celui du taux de croissance démographique. Cette situation s'est accompagnée de la réduction de l'incidence de la pauvreté, qui est passée de 71 % entre 2005-2009 à 63 % entre 2010-2012. L'examen de la contribution des différents secteurs, à savoir l'agriculture, l'industrie et les services à la formation du PIB montre que la RDC connait des mutations structurelles. Toutefois, son économie reste faiblement industrialisée.

Le secteur industriel, qui dispose d'un potentiel de croissance important, a connu une baisse considérable de son poids économique, qui est passé de 42 % du PIB en 1985 à 32,97 % du PIB en 2005. Le pays semble subir un processus de désindustrialisation, qui s'accompagne de l'hypertrophie du secteur tertiaire. Le pays a donc enregistré une croissance considérable de son secteur de service, dont le poids économique se révèle supérieur à celui de l'industrie. Fait du reste anormal, car cette évolution ne traduit pas l'expansion préalable des secteurs agricole et industriel. Il s'agit donc d'une situation d'hypertrophie du secteur tertiaire, qui caractérise plusieurs pays sous-développés. Par conséquent, le pays connaît une structure économique extrêmement extravertie, tant la quasi-totalité des biens manufacturés, même à caractère alimentaire, sont d'origine extérieure.

Plusieurs facteurs expliquent le mauvais comportement global de l'économie congolaise de son indépendance à ce jour. D'abord, au plan international, la chute de 50 % du prix du cuivre et d'autres minerais ainsi que la hausse du prix du pétrole lors de la crise pétrolière mondiale de 1974. Au plan régional, la guerre d'Angola entraîne la rupture des voies d'exportation des produits miniers du Katanga via la ligne de chemin de fer de Benguela-Lobito sur l'Atlantique [Assemblée nationale/RDC (2003)]. Cependant, il est important de noter que les effets négatifs de toutes ces contraintes exogènes ont été accentués par des causes endogènes liées principalement à la mauvaise gestion de l'Etat, qui a donné lieu à la mise en œuvre des mesures irrationnelles. Au plan interne, la politique de nationalisation de grandes entreprises et de zaïrianisation menée pendant la Deuxième République, qui a consisté à attribuer à une élite politico-commerciale clientéliste une large partie des actifs des étrangers, s'est traduite par un fiasco économique et une réduction drastique des emplois rémunérés. Ce qui a fait le lit des vagues ultérieures de pillages des unités de production, en particulier des petites et moyennes entreprises. Les éléphants blancs construits à grands frais, notamment la construction de la ligne Inga-Shaba a engagé le pays dans un endettement excessif qui a lourdement pesé sur le développement de l'économie.

La déliquescence de l'Etat a entraîné également la baisse de sa capacité à réaliser des investissements. Dans un contexte de ralentissement de la croissance, les recettes publiques étaient continuellement en baisse. Les fonds publics étaient souvent décaissés sans que les investissements y afférents aient été forcément réalisés. Certains investissements qui connaissaient un début de réalisation physique restaient inachevés et devenaient une source de dépenses et d'enrichissement continuels. Ainsi, il a été fait état de plusieurs ouvrages, notamment des barrages, des hôpitaux, des routes, des écoles pour lesquels les ressources ont été largement décaissées, mais qui sont restés inachevés. De ce fait, il n'est pas étonnant de constater que le pays ait régressé continuellement pour être compté au début de la décennie 2000 parmi les pays dits pauvres très endettés de la planète. La dette extérieure du pays était devenue insoutenable et constituait un obstacle sérieux à la croissance économique comme on peut s'en rendre compte en examinant les statistiques renseignées au tableau A.3 en annexe.

Il ressort de ce tableau que la RDC avait atteint en 2009, un seuil d'endettement critique qui compromettait gravement ses perspectives de développement socioéconomique ; car le pays ne pouvait pas se permettre d'assurer le paiement de sa dette sans être asphyxié. Le gonflement excessif du stock de la dette était lié à l'incapacité croissante du pays d'assurer le service de la dette et aux conséquences des rééchelonnements successifs du principal et à la capitalisation des intérêts. Ainsi, paradoxalement, le pays a connu un accroissement considérable du stock de sa dette extérieure sans avoir contracté de nouveaux engagements financiers. En 2010, à la faveur du l'Initiative en faveur des pays pauvres très endettés, et suite aux réformes structurelles renforcées par le Gouvernement et une meilleure coordination des politiques budgétaire et monétaire, la RDC accéda au Point d'achèvement, bénéficiant ainsi de l'allègement de près de 10 milliards USD du stock de sa dette extérieure.

2.1.2. Déliquescence des entreprises du portefeuille de l'Etat

Les entreprises publiques constituent un instrument d'intervention directe de l'Etat dans la vie économique et sociale. A l'époque coloniale et quelques années après l'indépendance, ces entreprises jouaient un rôle majeur dans l'économie du pays. A titre illustratif, le plan décennal de la colonie (1950 – 1959) fut financé pour plus de 35 milliards de francs belges par les entreprises publiques, alors que le budget ordinaire du Congo-Belge était de moins de 15 milliards de francs belges [Tshibombi Leta (2001)]. La plupart des entreprises publiques ont périclité au fil des années en raison d'une gestion chaotique qui du reste, ne leur a pas permis d'accomplir efficacement leurs missions. Le portefeuille de l'Etat qui comptait plusieurs entreprises, s'est effrité et a vu sa contribution au PIB chuter.

En 2006, les flux financiers cumulés des entreprises publiques étaient de 700 millions USD. Toutefois, leur contribution au budget de l'Etat était faible et parfois négative pour le cas des entreprises dont la survie est assurée parfois par des subventions de l'Etat-propriétaire. De 2003 à 2006, les avances sur dividendes versées au Trésor ont représenté 6,5 millions USD pour 30 entreprises, soit une moyenne de 200.000

USD par entreprise avec 17.000 USD de versement mensuel par entreprise. La majorité des entreprises publiques ont des effectifs pléthoriques, affichent un déficit financier quasi permanent, et fonctionnent largement en-deçà de leur capacité installée. Le tableau ci-dessous en donne une illustration.

Tableau 9. Avances sur dividendes et résultats de quelques entreprises publiques en 2004 (en FC)

Entreprises	Résultat	Avances sur dividendes selon la DGRAD
AFRIDEX	- 153.249.010,00	100.000,00
CMDC	- 4.379.920.742,00	1.380.000,00
COHYDRO	- 271.736.915,00	150.000.000,00*
FPI	- 551.952.484,00	84.000.000,00*
OCC	- 2.248.646.966,15	156.000.000,00*
OGEFREM	- 22.452.030,00	63.060.650,00*
ONATRA	- 49.033.750.876,00	142.500.000,00*
ONT	+ 916.198,63	5.160.000,00
REGIDESO	- 38.515.196.806,26	28.648.258 ,00
RTNC	- 709.979.859,00	700.000,00
RVA	- 211.665.525,16	60.643.260,00
RVF	- 1.134.270.683,00	150.000,00
SNEL	- 20.148.376.686,00	105.049.215,00*
SONAS	+ 8.363.564,60	12.000.000,00*

Source : Mabi Mulumba (2008).

Même les deux principales entreprises minières du pays, à savoir la Gécamines et la Miba qui étaient les fleurons de l'économie nationale, ont quasiment fait faillite. Pendant la décennie 1980, la Gécamines contribuait pour près de 40 % au budget de l'Etat, 20 % au PIB, 80 % aux recettes d'exportation. Elle employait également 32.000 agents et cadres, qui étaient le personnel le mieux rémunéré du pays. Sa contribution au budget de l'Etat, qui était de 360 millions USD en 1988, a reculé considérablement pour devenir nulle au cours de ces dernières années. Depuis l'éboulement de la mine de Kamoto et à la suite de la conjugaison de plusieurs maladresses de gestion, la Gécamines s'est complètement effondrée au cours de la décennie 1990. La production du cuivre qui avait atteint son niveau le plus élevé en 1986 (476.000 tonnes), a reculé progressivement pour atteindre le niveau le plus bas en 2003 (8100 tonnes), soit 1,7 % de la production de 1986. Toutefois, grâce aux réformes engagées dans le secteur des ressources naturelles, la RDC a pu enregistrer en 2014 la production de plus d'un million de tonnes de cuivre pour la première fois de son histoire, ce qui a placé le pays au coude à coude avec la Zambie pour le rang de premier producteur mondial de métal rouge.

S'agissant de la Miba, elle reste incapable de faire face aux charges du personnel dont les arriérés de salaires ont atteint plusieurs mois. Cette entreprise est régulièrement prise en charge par le Trésor public pour le paiement des salaires et autres frais de fonctionnement. En ce qui concerne la SNEL et la Régideso, en dépit de la situation monopolistique dont elles sont bénéficiaires, les besoins du pays en électricité et en eau potable sont encore largement insatisfaits. Seulement 50 % des ménages ont accès à l'eau potable. Le taux d'accès en milieu urbain est de 77,9 % tandis qu'il est de 9,8 % en milieu rural. Quant à la SNEL, sa production effective n'atteint pas 7000 GWh alors que sa capacité moyenne installée est de 14.500 GWh, soit donc moins de la moitié. Le barrage d'Inga, principale source de production d'électricité en RDC avec 1775 MW, fonctionne en-deçà de sa capacité installée. Ce qui justifie le faible taux d'accès des populations à l'électricité estimé à 9 % au plan national contre une moyenne de 24,6 % en Afrique Subsaharienne. Par ailleurs, la fourniture d'eau potable et de l'électricité est caractérisée par des coupures intempestives.

La plupart des entreprises publiques sont tombées en déconfiture totale ; leurs performances se sont révélées faibles et leur survie artificielle. Elles devaient être liquidées depuis plusieurs années. C'est notamment le cas de la compagnie nationale d'aviation (LAC) qui n'exploite plus l'unique avion disponible, mais qui garde un personnel qui enregistre chaque mois des arriérés de salaire. Cette dernière a été liquidée en 2014. L'expérience de gestion des entreprises publiques en RDC montre que celles-ci sont gangrenées par la conjugaison de plusieurs contraintes tant endogènes qu'exogènes :

- le mode de nomination des dirigeants des entreprises publiques est fortement politisé avec le risque sérieux de privilégier des candidats dont la compétence n'est pas affirmée. En outre, la fixation des rémunérations et des avantages des dirigeants n'obéit pas à la rationalité. (voir tableau suivant) ;

- le retard dans l'élaboration des états financiers et la non production de ceux-ci dans certaines entreprises, la faiblesse des services d'audit interne, la complicité entre les Administrateurs délégués généraux et les opérateurs politiques ainsi que l'interférence de ces derniers dans la gestion des entreprises publiques ;
- l'insolvabilité du gouvernement, la réquisition des véhicules et autres biens des entreprises par les autorités de tutelle, … ;
- le non-respect des procédures en matière de passation des marchés et le recours excessif aux marchés de gré à gré, entrainent la surfacturation de plusieurs commandes.

Tableau 10. Avantages dont bénéficient mensuellement les mandataires dans 20 entreprises publiques avant le 21 février 2005 (en USD)

Entreprises	PCA	ADG	ADGA	ADT	ADF	AD
CEEC	-	25.000	17.400	13.200	13.200	-
CMDC	5.260	7.300	6.000	4.860	4.860	800
COHYDRO	11.500	17.747	14.724	9.676	9.676	2.000
FIKIN	-	3.500	2.915	2.330	2.330	-
FPI	-	4.848	4.363	3.636	3.636	-
INPP	3.852	4.860	4.131	3.447	3.447	250
INSS	7.763	9.250	8.188	6.669	6.669	2.000
OCC	9.400	15.189	14.212	12.639	12.639	2.000
OCPT	3.700	4.100	3.600	3.100	3.100	200
OFFICE DES ROUTES	-	3.100	2.660	1.540	1.540	-
OGEFREM	-	6.818	6.818	5.192	5.192	-
ONATRA	16.800	18.300	12.300	9.300	9.300	4.800
ONT	-	3.541	3.160	2.489	2.839	-
OVD	-	3.521	2.891	2.252,5	2.252,5	370
REGIDESO	12.275	23.050	18.350	13.400	13.400	2.900
RVA	12.350	16.539	14.964	13.864	13.864	3.350
RVF	-	4.150	3.750	2.750	2.750	-
RVM	8.000	8.669	7.535	6.968	6.968	3.000
SNEL	12.500	15.500	14.100	13.048	13.048	3.500
SONAS	6.500	9.500	8.333	6.666	6.666	1.500

Source : Mabi Mulumba (2008).

Note : PCA (Président du Conseil d'Administration) ; ADG (Administrateur Délégué Général) ; ADGA (Administrateur Délégué Général Adjoint) ; ADT (Administrateur Directeur Technique) ; ADF (Administrateur Directeur Financier) ; AD (Administrateur). C/C (Commissaire aux comptes)

Quand on regarde le niveau très élevé des revenus de certains dirigeants, il est difficile de comprendre pourquoi ils sont moins performants que les managers des entreprises privées touchant parfois des rémunérations égales à la moitié de celles du secteur public. Le niveau des revenus était jugé tellement haut qu'il a été réduit comme l'indique le tableau suivant.

Tableau 11. Avantages dont bénéficient mensuellement les mandataires dans 18 entreprises publiques depuis le 21 février 2005 (en USD)

Entreprises	PCA	ADG	ADGA	ADT	ADF	AD	C/C
CEEC	4.500	8.300	7.100	5.800	5.800	2.000	2.000
CMDC	2.400	5.100	4.100	3.350	3.350	1.000	1.000
COHYDRO	4.500	8.300	7.100	5.800	5.800	2.000	2.000
FIKIN	2.400	5.100	4.100	3.350	3.350	1.000	1.000
FPI	3.000	6.600	5.300	4.300	4.300	1.500	1.500
INPP	2.400	5.100	4.100	3.350	3.350	1.000	1.000
INSS	4.500	8.300	7.100	5.800	5.800	2.000	2.000
OCC	4.500	8.300	7.100	5.800	5.800	2.000	2.000
OCPT	2.400	5.100	4.100	3.350	3.350	1.000	1.000
OGEFREM	3.000	6.600	5.300	4.300	4.300	1.500	1.500
ONATRA	6.000	10.000	8.800	7.600	7.600	3.000	3.000
ONT	2400	5.100	4.100	3.350	3.350	1.000	1.000
REGIDESO	6.000	10.000	8.800	7.600	7.600	3.000	3.000
RVA	4.500	8.300	7.100	5.800	5.800	2.000	2.000
RVF	3.000	6.600	5.300	4.300	4.300	1.500	1.500
RVM	4.500	8.300	7.100	5.800	5.800	2.000	2.000
SNEL	6.000	10.000	8.800	7.600	7.600	3.000	3.000
SONAS	4.500	8.300	7.100	5.800	5.800	2.000	2.000

Source : Mabi Mulumba (2008).

Les revenus et avantages du responsable de CEEC sont passés par exemple de 25.000 USD mensuellement à 8300 USD, ce qui parait acceptable.

2.2. Déficit d'infrastructures de base

Depuis plusieurs décennies, les infrastructures de base ont souffert du manque de nouveaux investissements, de l'absence d'entretien, et des dégâts physiques considérables. Par conséquent, elles se sont révélées généralement insuffisantes, vétustes et délabrées et incapables de soutenir le développement de l'économie. Le déficit des infrastructures a atteint des proportions qui rendent le développement économique et social impossible dans beaucoup de domaines de la vie nationale.

Dans un pays aussi vaste que la RDC (avec 2.345.409 km²), la déliquescence de l'Etat constatée durant les années 1980/1990 a eu comme conséquence qu'il y ait moins de 6000 km de routes goudronnées contre 9000 km au Botswana qui n'a que 581.730 Km². Malgré l'augmentation du nombre de kilomètres de routes asphaltées, à raison de 80 km par an en 2014, à comparer avec 28 km par an dans les années 1960 et 1970, le réseau routier est aux trois quarts en mauvais état. Dans l'ensemble, le pays dispose de 145.000 km de routes, composées de 7.400 km de voies urbaines, 58.305 km de routes d'intérêt général dont seulement 2801 km revêtues.

Les voies ferrées sont constituées de 5033 km qui datent de l'époque coloniale ; mais elles sont caractérisées par des différences d'écartement. Un train parti de Lubumbashi pouvait faire trois mois pour atteindre Kindu situé à près de 1500 km, soit un parcours de 17 km par jour, moins d'un kilomètre par heure. Ces délais ont été significativement réduits avec la mise en œuvre du projet gouvernemental de transport multimodal, qui a permis l'acquisition de 38 locomotives en faveur de la SNCC en 2015. Quant aux voies navigables, elles n'étaient donc plus convenablement entretenues ; ce qui rendait la navigation impossible la nuit, voire le jour. Un bateau, avec un tonnage de 300 à 400 tonnes, pouvait faire à la montée du fleuve jusqu'à 30 jours pour parcourir 1734 km (de Kinshasa à Kisangani) en période de saison sèche et jusqu'à 21 jours en saison de pluie. Nonobstant cet état de choses en 2015, le bateau ITB Kokolo, rénové sur financement public, a repris le service et assure la liaison Kisangani – Kinshasa en quelques jours. Le bateau

Gungu, en cours de réhabilitation également sur financement public, devrait venir en appui en 2016 pour desservir les affluents et permettre l'écoulement des produits agricoles vers les grands centres de consommation.

Cette configuration des infrastructures de transport révélait plusieurs défaillances qui ont fait que plusieurs provinces du pays n'étaient plus reliées entre elles, et certaines parties des provinces n'étaient plus accessibles. Par exemple, pour aller de Lubumbashi à Kasenga situé à près de 220 km, il fallait effectuer un détour (cabotage) de plus de 500 km en passant par la Zambie, où le trajet routier est très bon. Aujourd'hui, cet axe routier a été réhabilité et il faut un peu moins de cinq heures pour joindre la capitale du Katanga à Kasenga.

En effet, à l'aide du programme de réunification de la république par la voie routière (RRR), le gouvernement s'est décidé d'assurer la connectivité entre tous les chefs lieux des provinces (y compris Kinshasa), le désenclavement des régions isolées du pays et la connectivité avec les pays frontaliers. Avec une enveloppe budgétaire de 90 millions USD, 5917 Km de route ont été réhabilités. Parmi les axes routiers réhabilités, il y a lieu de citer : Lodja-Lomela-Ikela ; Bokulungu-Boende-Yayama ; Businga-Gbadolite-Yakoma ; Mbuji-Mayi-Kabinda ; Nguma-Bukama-Kamina-Mueneditu. De même, avec l'appui des partenaires, plusieurs routes nationales ont été réhabilitées dont 2076 Km de routes en terre et 135 Km de routes asphaltées. Il faut également noter que 177 Km de routes asphaltées ont été construits sur la nationale N°1.

En définitive, il y a lieu de noter que le déficit infrastructurel du pays est en train de se résorber progressivement et libère ainsi le potentiel de croissance économique des différentes provinces du pays. Les efforts conjugués par le gouvernement, en construisant ou en réhabilitant les routes, contribuent à l'assainissement du climat des affaires et ont déjà un impact sur les investissements productifs.

2.3. Désordre monétaire et financier

Durant la décennie 1990, l'effondrement de l'autorité de l'Etat a favorisé d'importants désordres monétaires et financiers, traduisant notamment la crise de légitimité des dirigeants politiques pendant la période de transition. Cette situation s'est traduite par l'apparition de l'hyperinflation, par la désintermédiation financière au profit de l'Etat, le fractionnement de l'espace monétaire national, la contrefaçon de la monnaie nationale, la crise de liquidité, les désordres dans les émissions monétaires et dans le financement du déficit de l'Etat, la dollarisation de l'économie, ainsi que la décote de la monnaie scripturale.

2.3.1. Dynamique de l'hyperinflation

Le pays a connu une très longue période d'instabilité des prix intérieurs, particulièrement au cours de la décennie 1990. Cette situation procède principalement du financement monétaire des déficits chroniques des finances publiques, et ce, en violation des statuts de la BCC et de l'article 33 de la Loi financière qui stipulait que seul le ministre des Finances est l'ordonnateur du budget de l'Etat. Selon les statuts de la BCC, celle-ci, en sa qualité de caissier de l'Etat, n'était autorisée à consentir des avances directes de l'Etat pour un montant n'excédant pas les 15 % des recettes fiscales annuelles moyennes, calculées sur base des trois derniers exercices. Ces prêts sont remboursables dans les 300 jours calendaires [Kabuya – Matata (1999)]. Cependant, dans la pratique, ces dispositions sont restées lettre morte.

Tableau 12. Abus du financement monétaire du Trésor Public (en milliard de zaïres)

Années	Recettes courantes	Plafond autorisé du financement monétaire	Avances accordées	Taux de dépassement (%)
1989	391	15,0	- 48	-420
1990	678	32,0	433	1250
1991	7.053	61,0	22.855	37000
1992	165.585	406,0	683.244	168187
1993	1,1	0,003	3,9	129900
1994	208,4	0,058	152	261969
1995	2.120	10,5	-46,3	-541
1996	15.689,4	117,0	3.545	2930

Source : Banque Centrale du Congo citée par Kabuya – Matata (1999).

Le financement monétaire excessif est l'une des principales causes de l'expansion exponentielle de la masse monétaire telle que décrite dans ce tableau.

Tableau 13. Taux d'inflation, taux de dépréciation monétaire et croissance de la masse monétaire (en %)

Années	Taux d'inflation	Taux de dépréciation par rapport au dollar	Croissance masse monétaire
1990	233,2	74,0	233,2
1991	3.642,0	96,6	2.297,8
1992	2.989,0	97,2	3.425,0
1993	4.652,0	99,1	3.175,8
1994	9.797,0	97,2	7.878,8
1995	370,3	78,8	313,7
1996	752,9	86,8	534,8

Source : Banque Centrale du Congo citée par Kabuya – Matata (1999).

Cette instabilité chronique des prix intérieurs s'est accompagnée par des distorsions importantes sur le marché de change, particulièrement au cours de la période de 1997 à 2001.

A titre d'exemple, le différentiel entre le taux de change parallèle et officiel représentait près de 500 % en 2000. Le taux de change officiel était de 4,5 FC pour un dollar américain, contre 30 francs pour un dollar au taux parallèle. Ce différentiel favorisait le non-rapatriement des recettes d'exportations et constituait une difficulté majeure pour le choix du cadre référentiel dans les transactions courantes. Les prix de certains biens et services étaient fixés au taux officiel et sur certains segments de marché, les prix étaient fixés au taux parallèle.

2.3.2. Désintermédiation bancaire au profit de l'Etat

La désintermédiation financière des banques a, pendant plusieurs années, réduit l'aptitude du système bancaire à soutenir l'économie nationale. Cette situation a été aggravée par l'importance du crédit accordé par le système financier à l'Etat au détriment de l'économie nationale, comme on peut s'en rendre compte en examinant le tableau ci-dessous.

Tableau 14. Crédit intérieur à l'économie de la RDC de 1985 à 1995

Années	Dépôts collectés (1)	Crédit à l'économie (2)	Crédit à l'Etat (3)	PIB (4)	Crédit à l'économie PIB	Crédit à l'Etat PIB
1985	11.630,9	6984,7	14.847	294.000	2,3%	5%
1986	18.008,6	11.437,4	24.935	389.000	2,9%	6,4%
1987	38.320	25.096,0	33.297	707.000	3,5%	4,7%
1988	87.053	43.457	118.473	1.263.400	3,1%	8,6%
1989	120.543	74.0000	86.000	2.854.500	2,5%	3%
1990	357.000	154.000	549.000	6.717.100	2,2%	8%
1991	7.437.000	2.389.000	23.203.000	141.624.200	1,6%	16%
1992	406.420.000	51.480.000	707.447.000	5.296.370.300	0,9%	13,3%
1993	5.825.468.000	1.040.940.000	12.506.130.000	78.074.291.700	1,3%	16%
1994	97.513.000	82.615	155.727	6.956.825	1,1%	2,2%
1995	243.933.000	563.802	109.481	39.642.100	1,4%	0,2%

Source : Kabuya – Matata (1999).

La structure de ce tableau étale clairement la faiblesse du financement de l'économie et la prédominance du crédit à l'Etat. Alors que le crédit à l'économie devait être plus important que le crédit à l'Etat afin de stimuler l'activité productive, moteur du développement économique, c'est le résultat contraire qui est constaté. Ainsi, le crédit à l'économie qui était de 156,06 millions de DTS en 1990 a atteint son niveau critique en 1993, année où il a représenté 1,3 % du PIB. Il est clair qu'un tel niveau de financement ne pouvait favoriser la croissance économique. En outre, les difficultés de trésorerie du pays en moyens de paiements extérieurs ont rendu pendant plusieurs années le système bancaire incapable de mettre à la disposition des opérateurs économiques le montant de devises nécessaires pour couvrir les importations.

2.3.3. Refus de la population d'utiliser les billets de banque

Le système monétaire national a connu une implosion en 1993, et s'est manifesté par la division du pays en plusieurs zones monétaires. Ce phénomène était connu sous l'appellation d'espace monétaire kasaïen qui s'est maintenu pendant près de cinq ans sans aucun remède de l'Etat. Il y avait deux systèmes, d'un côté la zone comprenant les deux provinces du Kasaï occidental et Kasaï oriental, qui avaient refusé d'utiliser les billets de 5.000.000 de zaïres et, plus tard, les nouveaux billets de banque, «nouveaux zaïres », mis en circulation par la Banque centrale en 1993. Seules les coupures d'anciens zaïres avaient cours légal dans cette zone. De l'autre côté, la capitale et le reste du pays reconnaissaient la valeur légale de ces coupures rejetées. Ainsi coexistaient dans un même pays, deux monnaies nationales, dotées chacune d'un espace propre de circulation. Le refus des billets de banque ayant cours légal est une illustration éloquente de la crise de l'Etat et de légitimité dont le pays a souffert pendant plusieurs années. Ce refus atteignit son paroxysme le 30 novembre 1992 lorsque la Banque centrale mit en circulation la coupure de 5.000.000 Z. La mise en circulation de cette coupure, démonétisée immédiatement par le Premier ministre issu de l'opposition, était soutenue par le gouverneur de la Banque centrale et le Président de la république. Par conséquent, le billet s'est échangé avec une décote de près de 50 %.

2.3.4. Crise de liquidités dans les banques et décote de la monnaie scripturale

Le pays a connu aussi une crise chronique de liquidités dans les circuits bancaires qui a entraîné l'inconvertibilité au pair du chèque en monnaie fiduciaire. La crise des liquidités a été favorisée essentiellement par deux principaux facteurs : d'abord, les jeux de placements populaires, apparus au dernier trimestre de 1990, qui avaient drainé d'importantes sommes d'argent vers des circuits hautement spéculatifs, du fait que le taux d'intérêt offert aux souscripteurs de ces jeux étaient très attrayant en raison du fait qu'il était largement supérieur au taux créditeur réel négatif offert par les banques commerciales ; ensuite, le financement monétaire du déficit public. L'accélération de ce financement au mois d'octobre 1991 avait fait éclater la crise. C'est au cours du mois d'octobre que l'enveloppe salariale de la Fonction publique fut de manière imprévisible multipliée par dix après les pillages de septembre de la même année.

Dans un contexte de baisse des recettes publiques, l'Etat était alors contraint de recourir massivement aux avances de la Banque centrale pour faire face aux dépenses de rémunération des fonctionnaires. Ainsi, dans sa politique d'argent facile, l'Etat avait fini par confondre le stock des billets de banque logés à la Banque centrale avec ses recettes, ce qui entraîna l'épuisement du stock stratégique des billets de banque au niveau de l'Institut d'Emission. D'où l'incapacité, d'une part, de la Banque Centrale à convertir en espèces les soldes créditeurs des banques commerciales inscrits en ses livres et, d'autre part, l'incapacité accrue des banques elles-mêmes à assurer les paiements des chèques de leurs clients. Cette pénurie des billets dans les banques a entraîné immédiatement la décote de la monnaie scripturale. En décembre 1992, par exemple, il fallait 11 zaïres en chèque pour acquérir 1 zaïre en billet des banques. Cette décote a atteint son paroxysme en juin 1993 puisqu'il fallait céder 1.730 zaïres en chèque pour 1 zaïre en espèce [Kabuya – Matata (1999)].

2.3.5. Dollarisation de l'économie nationale

La monnaie nationale est un attribut de souveraineté d'un Etat. C'est pour cette raison, notamment, que chaque pays ou groupe de pays dispose de sa propre monnaie. Mais depuis 1990, l'économie congolaise est caractérisée par l'utilisation concomitante des deux monnaies, à savoir le dollar américain et la monnaie nationale (le zaïre depuis 1990, le nouveau zaïre depuis 1993 et le franc congolais depuis 1997). Si l'utilisation du dollar à partir de 1990 était décrétée de fait par les agents économiques incapables de suivre la valse des étiquettes sur le marché, son utilisation continue depuis 2002 jusqu'à ce jour, période marquée par la stabilité relative des prix intérieurs, soulève de sérieuses préoccupations. En effet, beaucoup de déterminants économiques et financiers ont été réunis pour que les agents économiques utilisent exclusivement le franc congolais dans les limites de l'espace national. Mais, le dollar a été quasiment officialisé et est utilisé dans l'essentiel des opérations à côté d'un franc congolais confiné aux petits paiements sans aucune importance. Ainsi, il n'est pas étonnant de voir les opérateurs politiques du pays faire des dons en monnaie étrangère à l'intérieur de leur propre pays, affectant de ce fait et de manière solennelle la souveraineté nationale tant recherchée.

Tableau 15. Evolution de la décote de la monnaie scripturale (unité de NZ en chèque contre le NZ en espèce)

Mois	1992	1993	1994	1995	1996	1997
Janvier	1	12	2	3,5	1	3
Février	1	16	10	3,4	1	3
Mars	1	18	10	1,2	1	4
Avril	2	30	6	1,2	1	8
Mai	2,5	60	16	1,1	1	1,1
Juin	3	170	4	1,15	1	1
Juillet	3,5	80	3	1,08	1	1
Août	4,5	50	1,5	1,10	1	1
Septembre	5,5	30	1,5	1,18	1	1
Octobre	6	1	1,4	1,02	1	1
Novembre	6,5	1	1,2	1,0	1	1
Décembre	11	1,5	1,9	1,0	3	1

Source : Banque centrale du Congo.

2.3.6. Contrefaçon et financement de la réforme monétaire par les particuliers

La déliquescence chronique de l'Etat congolais a favorisé également des incohérences dans les réformes monétaires et la contrefaçon de la monnaie. L'organisation technique de la réforme monétaire d'octobre 1993 et les conditions d'impression de nouveaux billets de banque s'étaient révélées catastrophiques pour l'économie nationale. En effet, le Gouvernement et la Banque centrale avaient confié, contrairement à une longue tradition, la supervision de l'impression des billets de banque à un groupe d'hommes d'affaires privés qui avaient accepté de financer l'opération. Le contrat signé prévoyait le remboursement de leur financement par un système de prélèvement d'une certaine quotité sur chaque lot des billets imprimés. Il était convenu que ces opérateurs économiques utilisent ces fonds en nouveaux zaïres, pour l'achat des matières précieuses à exporter. Ils pouvaient ainsi récupérer leurs devises à travers cette exportation.

Cependant, le mécanisme ne fonctionna pas comme prévu, car les négociants en matières précieuses refusaient les transactions en nouveaux zaïres et préféraient vendre leur or et diamant en dollars américains. Les opérateurs économiques ayant financé la réforme étaient alors obligés de déverser leurs masses de nouveaux zaïres sur le marché de change pour acquérir les devises ; ce qui entraîna l'accélération de la détérioration du taux de change du nouveau zaïre par rapport aux devises étrangères.

En outre, les hommes d'affaires mêlés à l'impression des billets de banque, en plus de leur paiement convenu avec la Banque centrale, se sont adonnés à la fabrication de la fausse monnaie, ce qui entraîna la circulation de plusieurs billets de banque portant un même numéro. Cette situation explique deux phénomènes dénoncés à l'époque, à savoir l'injection parallèle de la monnaie dans l'économie et l'accroissement inconsidéré de la masse monétaire en circulation. D'où le dérapage du taux de change et l'hyperinflation. Dans cette confusion, il était étonnant de constater que le gouvernement lui-même en était arrivé à autoriser l'utilisation des billets de banque déclarés officiellement comme de fausses monnaies [Mabi Mulumba (1998)].

2.4. Mobilisation des ressources publiques

L'efficacité de tout système fiscal se mesure à la fois par sa capacité à contribuer au budget de l'Etat et son aptitude à créer les conditions permissives de la croissance économique. Force est de constater que depuis plusieurs années l'administration fiscale congolaise s'était révélée défaillante tant dans son rôle de mobilisation des recettes que dans celui de catalyseur de la croissance économique.

L'analyse des recettes fiscales sur la période 1990 – 2000 montre clairement la médiocrité des performances réalisées par les régies financières de l'Etat. Le niveau des recettes mobilisées par l'administration fiscale, certes déjà faible, connaît en outre une régression remarquable d'une année à l'autre. Ainsi, les recettes générées par les services des impôts et des douanes qui étaient respectivement de 277,7 millions et 316,6 millions USD en 1990 n'ont été que de l'ordre de 42,4 millions pour les impôts et 72,6 millions pour les douanes en 1994. Bien que les recettes se soient accrues significativement depuis 2002, il n'en demeure pas moins vrai que leur niveau reste encore faible par rapport à ce qui devrait être. En effet, un examen des taxes et impôts institués et perçus dans le pays révèle que les bases et les taux d'imposition ne répondent qu'à une logique budgétaire de court terme, et non à une perspective économique globale d'incitation à l'investissement à long terme. Il en résulte un niveau élevé des taux d'imposition, la multiplicité des taxes et un phénomène de double ou de multiples impositions. Ainsi, en 2001, la situation fiscale des entreprises œuvrant au Congo pouvait se présenter de la manière suivante, au point de vue de l'imposition des bénéfices.

Sur un bénéfice de 100 % réalisé par une entreprise sociétaire, l'Etat percevait une contribution professionnelle de 50 %, et sur les 50 restants distribués aux actionnaires, l'Etat prélevait encore 20 % de contribution mobilière, soit 50 – 10 = 40. Il reste donc pour les actionnaires seulement 40 % des dividendes bruts, cela sans tenir compte de la double imposition internationale résultant de l'absence des conventions y relatives signées entre le Congo et d'autres pays. Il convient de noter que le taux élevé d'imposition se manifeste même à l'exportation de certains produits. Ainsi, le droit de sortie du cuivre, par exemple, a été de 41 % de la valeur de base en 2000.

Cette taxation excessive a été pendant plusieurs décennies l'une des causes de la fraude fiscale et douanière généralisée, de l'amenuisement des recettes budgétaires et de la fuite d'un grand nombre d'opérateurs économiques vers le secteur informel. En effet, en 2009, on dénombre au moins 700 taxes instituées par les ministères et institutions sous tutelle et perçues tant bien que mal par les régies financières de l'Etat, à savoir la DGI, la DGRAD et la DGDA. Puis, il est fait état de l'existence de près de 200 taxes instituées et perçues au profit des entités administratives décentralisées [Bito Batomba (1999)]. En 2011, dans le cadre des réformes visant l'amélioration du climat des affaires, 135 taxes jugées illégales et/ou sans contrepartie, ont été supprimées.

Il y a lieu de noter que l'assujettissement aux taxes s'opère à deux stades : soit en amont, au niveau des formalités requises pour la constitution d'entreprises et au niveau de la production, soit en aval, lors de la commercialisation du produit fini ou semi-fini. Ainsi, on peut facilement retrouver des taxes instituées par les ministères et institutions sous tutelle ainsi que des taxes instituées et perçues au profit des entités administratives décentralisées. A titre d'illustration, il a été constaté en 2005 que la DGRAD seule percevait plus ou moins 484 taxes instituées par les ministères et institutions sous tutelle [Ometa Ohandjo (2003)]. A la multiplicité des taxes s'ajoute le phénomène de la double, voire de la multiple imposition découlant d'une part, de la non-signature par le Congo des conventions relatives à l'imposition internationale, et d'autre part, du fait que bien des taxes de même nature sont perçues à différents stades de production sans qu'aucun mécanisme de déductibilité soit reconnu à la fois au pouvoir central, aux institutions personnalisées et aux entités administratives décentralisées.

Les effets de cette imposition en cascade dans les secteurs productifs posent le problème d'une fiscalité antiéconomique, car la présence de la fiscalité à chaque stade de la production et l'absence de la déductibilité entraînent un accroissement excessif du coût de production ; ce qui réduit naturellement la compétitivité et la rentabilité des entreprises. Cette situation a conduit beaucoup d'entreprises à procéder à une conversion vers des activités simples de distribution, dont l'imposition paraît moins lourde. Par conséquent, les importations se trouvent encouragées au détriment de la production locale, et l'industrialisation du pays est bloquée dans la mesure où une telle fiscalité ne peut ni stimuler l'investissement, ni susciter de meilleures perspectives de croissance durable.

Dès lors, il n'est pas étonnant de constater que l'investissement productif soit resté à un niveau extrêmement bas, en dépit de toutes les exonérations prévues dans le cadre du code des investissements. Ce code se révèle non incitatif et inapte à stimuler l'investissement, car les avantages concédés aux investissements sont neutralisés par les effets négatifs du régime d'imposition du droit commun, dans lequel l'entreprise devra se retrouver un jour ou l'autre, après la période d'exonérations accordées pendant les premières années d'exploitation d'une entreprise naissante. Or, on ne doit pas oublier, en effet, que les capitaux iront plus volontiers s'investir dans un pays qui applique habituellement aux sociétés un taux d'imposition beaucoup plus élevé mais accorde une exonération sélective pendant les premières années d'exploitation d'une nouvelle entreprise. En revanche, l'expérience montre que les entreprises qui bénéficient du code des investissements au Congo ont tendance à se livrer souvent à une exploitation accélérée et peu soignée dans le but de réaliser plus de bénéfices et récupérer rapidement le capital investi pendant la période d'exonération prévue dans le code, l'avenir n'étant guère rassurant.

De ce qui précède, il se vérifie clairement que le système fiscal congolais demeure foncièrement antiéconomique. Loin de stimuler l'investissement, il constitue paradoxalement un frein à l'expansion de l'activité économique et au bien-être des consommateurs. Enfin, le système fiscal congolais est dépourvu également des mécanismes de sauvetage des entreprises en difficulté. Il arrive souvent qu'une entreprise traverse des difficultés conjoncturelles qui la mettent dans l'incapacité de s'acquitter de ses obligations fiscales. L'absence des mécanismes pratiques d'échelonnement des paiements donne lieu à de lourdes pénalités auxquelles l'entreprise doit faire face à cause du retard accumulé, même si ce retard est justifié ou légitime. Il apparaît, de ce fait, que les modalités et le niveau des prélèvements des ressources de l'Etat exercent un impact négatif sur l'activité économique. Ainsi, au lieu de jouer le rôle de catalyseur du développement, l'activité financière de l'Etat compromet les perspectives de croissance économique. Il importe désormais d'examiner le lien existant entre l'affectation des ressources et le développement économique en RDC.

2.5. Allocation des ressources publiques

La mauvaise gestion des finances publiques est au centre de plusieurs problèmes économiques dont souffre la RDC depuis 1960. Si les recettes budgétaires en pourcentage du PIB ont chuté de 17 % jusqu'à représenter moins de 5 % en 1992, les dépenses courantes, quant à elles, n'ont cessé d'accroître pour représenter 20 % du PIB. Aussi, le budget d'investissement, déjà insignifiant, est faiblement exécuté, du fait du détournement des crédits au profit d'autres dépenses parfois imprévues. Dès lors, il n'est pas étonnant que les finances publiques aient enregistré un déficit quasi-permanent dans les années 1990.

L'administration des finances de l'Etat est caractérisée aussi par le non-respect des procédures en matière de dépenses publiques. A ce sujet, plusieurs anomalies ont été constatées dans l'exécution des dépenses publiques au cours des années antérieures, notamment des décaissements du compte général du Trésor par des procédures irrégulières, au regard de la Loi financière et du Règlement général sur la comptabilité publique au niveau du ministère des Finances et de la Banque centrale ; des décaissements effectués en violation de la chaîne de la dépense publique opérés sans aucun titre ou avec des titres inappropriés; de l'exécution de plusieurs dépenses urgentes de l'Etat sur base d'une instruction verbale du gouvernement ou de la Banque centrale. Néanmoins, il y a lieu de noter qu'en dépit des insuffisances enregistrées encore dans la gestion des finances publiques, des progrès importants ont été réalisés au cours de ces dernières années dans ce domaine.

2.6. Climat des affaires

Les faiblesses de l'Etat se sont traduites également par la lourdeur de la bureaucratie et la multiplicité des formalités pour réaliser un investissement ou un projet de développement ainsi que des coûts exorbitants. Créer une entreprise en RDC constituait un véritable parcours de combattant. En 2000/2001, il fallait en moyenne 172 jours et plus de 3500 USD pour pouvoir démarrer une entreprise ; 14 procédures pour obtenir une licence, et 51 procédures pour qu'un contrat entre en vigueur (Cadre Assistance Pays, 2007). Au même moment, pour les pays comme le Sénégal, les réformes opérées permettaient de créer une entreprise en trois jours seulement. Il est intéressant de signaler aussi que l'exécution de chacune de ces procédures était généralement subordonnée au paiement des frais. C'est dans ce contexte que la RDC se classait parmi les derniers dans le rapport *Doing Business* de la Banque mondiale.

Par ailleurs, il n'existait pas en RDC, jusqu'aux années 2000, une politique claire et engagée du gouvernement visant à promouvoir de manière durable la création d'entreprises nationales dans le pays. Ceux qui créaient les entreprises le faisaient de leur propre volonté et avec leurs moyens sans aucun appui manifeste du pouvoir public. Il n'existait donc pas, dans le sens strict du terme, un secteur privé à capitaux nationaux qui répondait aux standards internationaux. La plupart des entreprises, grandes ou petites, qui fonctionnaient selon les règles de l'art étaient essentiellement dirigées par des étrangers ou étaient à capitaux étrangers ou mixtes. Le Congolais moyen était, dans la plupart des cas, incapable de créer seul ou avec un groupe de collègues une entreprise dont les bénéfices s'inscriraient dans la durée. Il préférait investir dans les domaines qui produisent dans l'immédiat, à la rigueur dans le court terme. L'une des voies empruntées par de nombreux entrepreneurs congolais était celle du secteur public, où le désordre favorise l'enrichissement facile. Les contrats étaient conclus sans procédure rigoureuse et les paiements étaient effectués parfois, sans livraison des travaux ou des services. Une entreprise habituée dans ce type de secteur ne pouvait nullement opérer ou résister dans un environnement concurrentiel.

En effet, la plupart des entreprises des nationaux et des étrangers qui ont fait fortune pendant la Deuxième République, avec des marchés gré à gré ou assimilés n'ont pas survécu à l'avènement du système d'appels d'offres nationaux ou internationaux qui requièrent l'accomplissement par les entreprises d'un certain nombre de critères minima au niveau technique et financier. Non seulement, les entreprises qui répondent aux normes internationales sont rares à Kinshasa, mais il n'en existe nullement dans certaines provinces, où il devient impossible de construire des infrastructures faute d'opérateurs économiques. Des provinces entières, comme le Maniema, l'Equateur et le Bandundu, n'ont pas d'entreprises, grandes ou petites, qui soient en mesure d'exécuter des travaux de moyenne ou de grande envergure. Même le personnel qualifié fait défaut. Il n'est pas étonnant de voir des entreprises étrangères, voire nationales importer de la main-d'œuvre qualifiée (contre-maçons, conducteurs des travaux). On ne peut pas développer un pays essentiellement avec des entreprises étrangères. Il y a lieu de signaler l'existence d'un réseau dense de petites et moyennes entreprises opérant dans le secteur informel.

Chapitre 3
Contrôle de gestion des finances publiques

L'une des raisons de la faillite des Etats est l'absence de contrôle dans la gestion des affaires publiques, considérées parfois comme des biens sans maîtres. Un Etat fort est celui qui dispose notamment des services de contrôles performants, capables de garantir l'utilisation rationnelle des ressources publiques. L'on examinera ici la performance de la Cour des comptes et de l'Inspection générale des finances ainsi que l'efficacité du contrôle parlementaire. La conséquence directe de l'absence d'un contrôle efficace est la corruption, que nous aborderons également dans ce chapitre.

3.1. Cour des comptes et Inspection générale des finances

La Cour des Comptes et l'Inspection générale des finances sont les deux principaux instruments de contrôle des finances publiques en RDC. L'efficacité de ces deux institutions a été limitée pendant plusieurs années par des pesanteurs endogènes et exogènes. En effet, un meilleur contrôle des finances publiques passe notamment par l'indépendance des institutions qui en ont la charge, l'exhaustivité du champ d'activité, la sanction des personnes responsables des actes de mégestion, une rémunération adéquate des contrôleurs et le respect, par les gestionnaires, des observations formulées par les contrôleurs. L'expérience montre cependant que l'Inspection générale des finances et la Cour des comptes ont des difficultés à jouer pleinement leur rôle. Ce qui explique les dérapages importants et fréquents enregistrés dans la gestion des finances publiques et du portefeuille de l'Etat.

Plusieurs institutions et services de l'Etat ne sont pas soumis au contrôle de ces deux institutions, tout comme certaines d'entre elles refusent d'être soumises à ce contrôle. A titre d'exemple, en 1994, la Banque Centrale du Congo avait fait obstruction à la mission de contrôle de la Cour des Comptes d'accéder au compte général du Trésor, ce, en violation de l'article 21 de l'ordonnance-loi n°8-005 du 06 février 1987 fixant la composition, l'organisation et le fonctionnement de la Cour des comptes. Par ailleurs, le contrôle de l'Inspection générale des Finances n'aboutit pas souvent à la poursuite judiciaire, ni à la sanction des personnes dont les responsabilités de mégestion sont pourtant clairement établies. Il y a lieu de noter que le caractère peu contraignant et peu disciplinaire du contrôle réduit son efficacité en RDC. Le personnel des institutions de contrôle connaît également le même sort que le personnel de la magistrature. Longtemps mal payés, les inspecteurs des finances et les magistrats de la Cour des comptes n'ont pu que résister difficilement aux tentatives de corruption.

Enfin, le dysfonctionnement du pouvoir législatif pendant plusieurs années a réduit considérablement l'efficacité de la Cour des comptes. Les rapports de cette institution de contrôle n'ont pas été souvent exploités par les différents parlements qui étaient plus préoccupés par des questions politiques que par celles du développement.

3.2. Contrôle parlementaire

Le parlement a difficilement exercé son contrôle de manière efficace et ce, depuis plusieurs décennies. L'efficacité de ce contrôle dépend essentiellement de son indépendance, qui est déterminée par la nature du système politique, de l'organisation et du fonctionnement de l'Assemblée nationale et du Sénat, ainsi que du mode d'accès à ces pouvoirs. Pendant plusieurs années, les pouvoirs législatifs n'étaient pas indépendants en RDC. Il y a eu concentration des pouvoirs. Et pendant cette période, la fonction législative était exercée réellement par le Président de la République et le Gouvernement. Sous la Deuxième République, plusieurs députés étaient cooptés par le MPR du fait de leur fidélité et de leur loyauté au Parti, ou en fonction de leur appartenance ethnique. Pendant la première période de Transition, le pouvoir législatif représenté par le HCR-PT n'était que l'ombre de lui-même. Ses membres luttaient plutôt pour la prolongation de leur mandat afin de continuer à recevoir des avantages du régime auquel ils pensaient donner une certaine légitimité. Sous le régime de l'AFDL, le Parlement de Transition fut créé par le Président de la République, et les députés qui devaient représenter le peuple étaient nommés par le Chef de l'Etat.

Sous le régime de la formule appelée « 1 + 4 », les députés et sénateurs étaient désignés par les composantes et entités respectives issues du Dialogue Inter Congolais. Aux termes de ce dialogue, le pouvoir législatif était constitué d'une Assemblée nationale et d'un Sénat. Le parlement n'avait pas de pouvoir réglementaire, ni disciplinaire sur le gouvernement. L'Accord Global et Inclusif ne prévoyait pas la possibilité d'une interpellation du Parlement, pouvant conduire à la censure d'un membre du gouvernement, ni du gouvernement dans son ensemble. Par conséquent, le gouvernement n'était pas responsable vis-à-vis du Parlement.

Après analyse, il s'avère que les différentes institutions législatives, qu'a connues le pays, ne remplissaient pas leurs missions avec efficacité, en raison principalement des contextes politiques, de concentration des pouvoirs entre les mains du Président de la République, et du mode d'accès à la fonction de député. Le pays a évolué pendant plusieurs années dans une logique de nomination des députés, et non celle de leur élection par le peuple. Ce mode d'accès au pouvoir réduit l'indépendance d'esprit, car les députés sont redevables vis-à-vis de la personne ou de l'entité qui les a désignés, et non vis-à-vis du peuple, qu'ils sont pourtant censés de représenter. Par ailleurs, l'effritement du pouvoir d'Etat a réduit considérablement le pouvoir réglementaire et disciplinaire des pouvoirs législatifs. Ainsi, les lois votées n'étaient parfois pas promulguées par le Chef de l'Etat, et quand elles pouvaient l'être, leur application n'était toujours pas assurée. Il y a lieu de reconnaitre que d'énormes avancées ont été réalisées en cette matière. Le problème épineux qui reste étant celui de l'application des lois ainsi votées et promulguées.

3.3. Généralisation de la corruption

L'absence d'un Etat exerçant une autorité réelle, partout sur un territoire vaste de 2.345.409km², la situation de guerre et l'instabilité politique créèrent une opportunité de prédation à grande échelle pour exploiter – souvent de manière artisanale– le cuivre, le cobalt et les métaux associés, le diamant, l'or, la cassitérite, le coltan, le bois et le café. En effet, selon l'International Rescue Commette (IRC), la guerre de 1998 a coûté directement et indirectement, jusqu'en 2002, environ 3.500.000 vies humaines. Le panel des experts de l'ONU a évalué les pertes matérielles dues au pillage à au moins 5 milliards USD, tandis que le groupe d'experts nationaux a chiffré à 10 milliards USD les pertes et dommages subis par la RDC du fait de la guerre, rien que pour la partie du territoire national occupée par les rebelles.[4]

Le dérèglement du système politique et l'affaiblissement de l'Etat qui en a résulté ainsi que l'absence quasi-généralisé du contrôle ont contribué largement à l'expansion de la corruption au Congo qui, à cet effet, occupe la 6ème position au niveau mondial et la 3ème en Afrique (Cadre Assistance Pays, 2007). L'utilisation des charges publiques pour le profit personnel est devenue monnaie courante. Les fonctionnaires et les opérateurs politiques commettent plusieurs types d'abus de pouvoirs, notamment la fraude, le trafic d'influence et les malversations financières. La corruption est même érigée en système. D'une manière générale, les pratiques corruptrices se manifestent dans l'appareil étatique par les symptômes ci-après :

- le train de vie ostentatoire mené par certains opérateurs politiques et hauts cadres de l'Administration sans rapport logique avec leurs rémunérations ou leurs émoluments ;
- le clientélisme dans les décisions discrétionnaires de nomination, de promotion, de concession, de traitement des dossiers importants (exonérations clientélistes, octroi des concessions forestières, ou pétrolières, autorisations de création d'entreprises marginales bénéficiant d'énormes

[4] Voir http://www.freewebs.com/congo-kinshasa/Rapport.

exonérations fiscales) au mépris des dispositions réglementaires et légales ;
- la sous-évaluation des exportations ;
- le non-respect des lois et textes réglementaires.

A titre d'illustration, le Président de la Cour des Comptes indique que certains agents de la Direction Générale des Impôts (DGI) avaient effectué en 2005, un montage non-réglementaire, qui avait abouti au décaissement d'énormes crédits d'impôts, hélas fictifs. Sur les 70 entreprises individuelles censées bénéficier de ces avoirs, 66 s'étaient avérées fictives. L'Etat avait perdu une trentaine de millions de dollars sur cette affaire. Par ailleurs, les audits effectués en 2008 dans trois régies financières par la Commission Interministérielle de la bonne gouvernance, pour la période de 1996 à 1997, ont mis en évidence le laxisme qui caractérise la gestion des affaires publiques en RDC. Ces audits ont dégagé plus de 1,8 milliard USD de manque à gagner dans les régies financières durant la période considérée.

La synthèse de ces mêmes audits au niveau de la Direction générale des impôts (DGI), de la Direction générale des recettes administratives, judiciaires, domaniales et de participations (DGRAD) et de la Direction générale des douanes et accises (DGDA), a indiqué un manque à gagner de 1.821.614.866,16 USD. Ce dernier résulte également de la multiplicité d'exonérations douanières et fiscales dont bénéficient certaines activités et d'une fraude omniprésente. En effet, les exonérations ont totalisé 1.443,2 millions de FC en 2000, soit 56,8 % de l'ensemble des recettes des contributions sur le commerce extérieur [Banque Centrale du Congo (2000)].

S'agissant de la fuite des capitaux en dehors de la RDC, Intégrité Financière Mondiale l'estime à 15 milliards USD au cours des 25 dernières années. Si la contrebande était comprise, le chiffre de 15 milliards pourrait être multiplié par deux ou par trois, voire plus [Baker, R.W. (2008)]. Ainsi, beaucoup de cas de corruption avérée dans le secteur public n'ont jamais été suivis ni d'un procès, ni d'une condamnation ; le silence et l'impunité étant devenus la règle. Pourtant, la corruption amoindrit les ressources publiques et diminue les moyens d'intervention de l'Etat dans la sphère économique et sociale. Elle est aussi à la base d'une mauvaise allocation des ressources. L'expérience montre généralement qu'un Etat corrompu consacre très peu de ressources à l'éducation, à la santé et aux investissements. En revanche, les dépenses à des fins politiques et administratives s'accroissent au détriment des investissements qui ont régressé de 14 % du PIB en 1958 à 3 % au cours des années 2005-2006.

Chapitre 4
Sécurité et justice

Selon Hampson (2002), un «Etat fort » est celui qui « est capable d'assurer la sécurité humaine de sa population, en la libérant du besoin et de la peur, et en protégeant la dignité d'être humain contre les abus perpétrés contre les droits de l'homme ». Leroy-Beaulieu (1980) indique que parmi les fonctions essentielles de l'Etat, l'on compte la sécurité et la justice. Pour lui, l'un des caractères de l'Etat, c'est de représenter l'universalité du territoire et de ses habitants, au besoin avec le recours à la contrainte. La sécurité peut être extérieure dans la mesure où elle garantit au pays la protection extérieure, tout comme elle peut être intérieure, et dans ce cas elle protège la population contre les tracasseries de tous ordres. Cette sécurité doit être complétée par l'existence d'une justice équitable, un des facteurs du développement économique harmonieux. Sian Herbert (2014) considère que la sécurité et la justice sont des fonctions liées à l'existence de l'Etat.

4.1. Sécurité intérieure et extérieure

Le développement socioéconomique est inconcevable sans une armée et des services de police efficaces, capables d'assurer la sécurité des personnes et de leurs biens, la paix sociale et la défense de l'intégrité territoriale. Pour être réellement un instrument de développement, les forces armées et la police doivent être apolitiques, disciplinées, bien formées, suffisamment motivées et dévouées à la cause nationale, jusqu'au sacrifice suprême. Cependant, l'expérience de la RDC montre que les services de la police et de l'armée ont été pendant plusieurs années détournés de leurs fonctions classiques, pour être placés parfois au service des intérêts personnels d'enrichissement, de conquête et de maintien indéfini au pouvoir politique.

Déjà au lendemain de l'indépendance, une série de facteurs, à la fois endogènes et exogènes, conduisirent l'Armée à perpétrer un coup d'Etat, pour se substituer au pouvoir civil issu des urnes, en assurant directement le contrôle de l'Etat. Ainsi, de façon précoce, avant que les nouvelles structures étatiques s'enracinent, la RDC devint un terrain fertile pour les coups d'Etat et pour plusieurs formes d'insurrections. Depuis l'indépendance jusqu'à l'avènement de la troisième République, les coups d'Etat militaires et les insurrections armées en cascade s'imposèrent comme mécanismes de transmission de pouvoir. Cette voie d'accès et de maintien au pouvoir se révèle préjudiciable au développement, car elle compromet les possibilités de sanctionner ou de récompenser les dirigeants politiques, et ne peut susciter en eux le sentiment d'être redevables vis-à-vis du peuple.

Bien que l'armée figurât parmi les services publics qui bénéficiaient des allocations budgétaires plus importantes que la santé et l'éducation, elle n'était toutefois pas toujours bien rémunérée, ni suffisamment équipée, vu que les ressources qui lui étaient consacrées étaient systématiquement détournées. Ainsi, les militaires et les policiers se sont livrés, à certains moments, aux pillages et à l'extorsion, certains n'hésitant pas à rançonner la population.

Globalement, le militarisme et le développement ont été antithétiques, alors que dans les pays industrialisés, l'armée se voit confier d'importants programmes de recherche et développement qui innovent dans les domaines de la science et de la technologie. Plusieurs fois, il a été dénoncé le fait que les fonds mobilisés au titre de l'effort de guerre sont continuellement détournés. Et ce détournement dépassait parfois les 90 % des fonds décaissés par le Trésor public. En effet, le Premier ministre Adolphe Muzito, en tournée dans les provinces de l'Est du pays, s'était fait dire par un militaire rappelé du front, que sur 100.000 USD décaissés, seulement 5000 étaient arrivés à destination, soit 5 % du total. C'est la raison pour laquelle, le Premier ministre s'était ainsi fait acheter, dans une boutique de Kisangani, un kit d'aliments destiné aux militaires au front. Cette anecdote est révélatrice de la profondeur de la situation.

Enfin, il y a lieu de signaler que les services de sécurité et autres services ou forces paramilitaires ont constitué pendant longtemps un instrument politique répressif au service des pouvoirs en place. On a compté jusqu'à huit services qui, de toute façon, remplissaient des fonctions de même nature presque, à savoir :(i) la Division Présidentielle affectée à la protection rapprochée du Chef de l'Etat (DSP); (ii) le Service d'Action et de Renseignements Militaires (SARM) ; (iii) la Brigade Spéciale de Recherche et de Surveillance (BSRS) ; (iv) la Garde Civile (GACI) ; (v) les Forces d'Action Spéciale (FAS) ; (vi) le Service National d'Intelligence et de Protection (SNIP) ; (vii) l'Agence Nationale d'Investigation (ANI) ; (viii) les Brigades Disciplinaires du Corps des Activistes pour la Défense de la Révolution (CADER) [Kankwenda Mbaya (2003)]. Aujourd'hui, les différentes réformes visant à professionnaliser l'armée congolaise ont donné de bons résultats. Il faudrait y associer la bancarisation de la paie des fonctionnaires, policiers et militaires, qui a contribué énormément à améliorer la situation. Ainsi, bien que beaucoup restent à faire, l'armée congolaise s'est résolument engagée dans la voie rectificative.

4.2. Justice

L'examen de la situation dans le pays indique que le système juridique et judiciaire congolais demeure faible, tant du point de vue de son indépendance, de l'équité ou de l'efficacité, que de celui de la gestion de ses ressources humaines.

4.2.1. Indépendance du pouvoir judiciaire

L'indépendance de gestion est la pierre angulaire d'un pouvoir judiciaire efficace. Cette indépendance est liée à la garantie que le pouvoir judiciaire est indépendant des pouvoirs législatif et exécutif. Il s'agit aussi de l'indépendance vis-à-vis de l'opinion publique et de diverses pressions. L'indépendance est donc le bouclier dont dispose la justice pour protéger les citoyens contre l'arbitraire [Matadi Nenga (1997)].

En effet, l'article 123 de la Constitution du 1er août 1964 stipulait que le pouvoir judiciaire était indépendant des pouvoirs législatif et exécutif. En aucun cas, le pouvoir judiciaire ne pouvait être exercé par les organes du pouvoir législatif ou du pouvoir exécutif. L'article 56 de la Constitution du 24 juin 1967 reprenait le même libellé : « le pouvoir judiciaire est indépendant des pouvoirs législatif et exécutif ». Cependant, quelques années plus tard, plusieurs obstacles politiques se sont dressés, détruisant particulièrement toute indépendance du juge ou du magistrat. La Constitution de 1967 a subi ainsi plusieurs révisions dont celle qui a conduit à l'institutionnalisation du MPR, comme pouvoir unique et suprême.

Quoique les textes juridiques aient proclamé l'indépendance du pouvoir judiciaire depuis l'année 1994, les faits montrent cependant que cette indépendance est restée plus ou moins théorique jusqu'à ce jour. L'indépendance de la fonction juridictionnelle vis-à-vis de l'exécutif et vis-à-vis du législatif suppose que, non seulement sur le plan constitutionnel, une séparation des pouvoirs soit prévue (condition nécessaire), mais encore que cette séparation soit effective sur le plan du fonctionnement des institutions (condition suffisante) [Matadi Nenga (1997)].

Malgré quelques progrès récemment enregistrés, le système judiciaire congolais continue à souffrir d'un déficit d'indépendance, notamment vis-à-vis de la presse dans ses publications ou des syndicats dans leurs manifestations agressives contre une juridiction ayant pris une affaire en délibéré ou encore de la pression des partis politiques. A cela, il faut ajouter le pouvoir d'argent qui s'exerce fortement sur le personnel judiciaire, notamment sur les magistrats.

Au regard de tout ce qui précède, il apparaît que la dépendance judiciaire vis-à-vis des individus ou des pouvoirs extérieurs soit trop importante pour que cet organe puisse être considéré effectivement comme un pouvoir indépendant. Par conséquent, l'appareil judiciaire qui devait promouvoir l'ordre social, s'est révélé même comme un facteur aggravant du désordre et de l'impunité. Dans les cas extrêmes, son rôle a été même négatif, tant il a contribué à l'accroissement des cas d'injustice cautionnés par les pouvoirs publics eux-mêmes.

4.2.2. Efficacité et équité de l'appareil judiciaire

Une magistrature qui n'a pas à craindre les interventions diverses du Gouvernement et l'influence exercée par les parties à un litige constitue le plus solide pilier institutionnel de la primauté du droit. Si la loi ou les tribunaux sont perçus comme partiaux ou arbitraires, l'appareil judiciaire ne sera pas consulté, et il ne sera pas en mesure de faire respecter l'ordre social comme il se doit (Banque mondiale, 2003). Telle est malheureusement la situation de l'appareil judiciaire dans le pays. Le déficit d'équité a donné lieu au développement des mécanismes de substitution judiciaire pour le règlement des différents.

Les parties à un litige renoncent souvent de recourir à la justice et sont incitées à trouver un règlement extrajudiciaire lorsqu'elles savent que le jugement des tribunaux ne sera pas équitable. Il faut également signaler ici que l'éloignement entre les justiciables et les nombreux tribunaux de grande instance ou cours d'appel n'offre pas une garantie solide du droit d'accès à un tribunal sur toute l'étendue du territoire national. Par ailleurs, il avait été constaté une politique de juridictions parallèles, se traduisant par la création de plusieurs structures qui se sont muées en juridictions d'exception ou qui ont été créées par une loi spéciale.

Ces institutions ont jadis reçu le pouvoir de trancher des litiges, alors qu'elles ne faisaient pas partie du pouvoir judiciaire. C'est notamment le cas de la Commission permanente de discipline du Comité Central du MPR et de la JMPR pendant la Deuxième République, de l'Office des Biens Mal acquis (OBMA), du Comité d'experts pour la répression des crimes économiques, et les Comités de Pouvoir Populaire sous la gestion de l'AFDL. Par ailleurs, l'article de la loi n°77-027du 17 novembre 1977 portant mesures générales, de rétrocession des biens zaïrianisés et radicalisés disposait ce qui suit : « seul le Département du Portefeuille est habilité à recevoir et statuer sur toutes les demandes et contestations éventuelles relatives aux mesures édictées par la présente ». « Tous les litiges relatifs à la zaïrianisation, à la radicalisation et à la rétrocession » étaient donc de la compétence exclusive du ministère du portefeuille de l'Etat, donc de l'Exécutif.

L'OBMA, créé par le décret-loi n°08 du 16 juillet 1997, avait pour objet de surveiller et d'inspecter la gestion des entreprises du portefeuille de l'Etat et des services publics décentralisés ; de rechercher les infractions et de poursuivre leurs auteurs (mandataires de l'Etat) ; de saisir les cours et tribunaux de ces infractions, afin de récupérer les biens frauduleusement soustraits à l'Etat. Dans la pratique, cet Office a réduit son rôle à la seule récupération arbitraire des biens immeubles des citoyens, qu'il y ait eu ou non un certificat d'enregistrement. Alors qu'il fallait une décision judiciaire pour déterminer si le bien avait été acquis frauduleusement, l'OBMA s'était comporté en juge et partie et sa décision de reprise du bien spolié était sans appel. L'OBMA faisait ainsi ce que le juge aurait dû faire.

En date du 27 janvier 1999 fut créé par arrêté n°001 du Ministère de l'Intérieur un Comité appelé « Comité d'experts chargés de la répression des crimes économiques ». L'article premier, des trois que contenait cet arrêté, stipulait que le Comité d'experts recherche et instruit les infractions économiques. Les crimes économiques n'étaient pas définis par cet arrêté ; les experts avaient donc un pouvoir illimité d'appréciation des crimes et pouvaient bénéficier de 10 % du montant dû à l'Etat, même si la créance n'était pas réelle. Ce comité s'est révélé comme une source d'abus et de tracasseries.

Sous la troisième République, alors que l'article 1er de la Constitution stipule: « Tous les êtres humains naissent libres et égaux en dignité et en droits » (Assemblée nationale, 2006), les faits montrent que le positionnement politique et la situation financière convenable d'un plaideur ne permet pas encore d'assurer l'application du principe de l'égalité des citoyens devant la justice. Les privilèges de juridiction et d'instruction empêchent l'exercice libre du droit d'accès au juge et au Tribunal comme indiqué plus haut.

Le pays connaît aussi une justice à double vitesse se traduisant par la consécration de l'impunité pour certaines catégories de citoyens. En effet, les sociétaires des partis au pouvoir et leurs alliés, ainsi que la classe dirigeante (ministres, mandataires de l'Etat et bien d'autres) sont rarement traduits en justice. Dès lors, il s'est développé une société où un groupe de personnes peut rouler dans le sens opposé sur une route à sens unique, construire des maisons sur des espaces non autorisés, brûler le feu rouge, s'octroyer des exonérations indues, se faire servir sans suivre l'ordre d'arrivée, signer des contrats léonins, s'approprier les biens publics et détourner les ressources publiques sans être poursuivies.

Tous les déplacements de l'huissier de justice, qui est au Congo un fonctionnaire public, sont payés par les justiciables. Toutes les descentes sur les lieux, visites des lieux par exemple, sont préalablement financées par les justiciables, qu'elles aient été sollicitées par les parties ou ordonnées d'office. Par ailleurs, l'efficacité de la justice suppose aussi que les jugements soient exécutés. Or, l'exécution des décisions de justice est onéreuse et connaît également beaucoup d'obstacles. A titre d'illustration, au cours de la période allant du 1er janvier 1997 au 31 décembre 1998, le greffier d'exécution près le tribunal de grande instance de Kinshasa/Gombe n'avait réussi à exécuter que 142 décisions sur les 2.355 prises, soit 6%. Les justiciables se trouvent alors souvent avec des jugements pareils à chèques sans provisions, ce qui a pour effet de discréditer le pouvoir judiciaire lui-même [Matadi Nenga (1997)].

En conclusion, les citoyens sont totalement convaincus de l'inutilité de la justice officielle et comprennent qu'un mauvais arrangement vaut mieux qu'un beau procès : d'où le recours de plus en plus constaté aux mécanismes non juridictionnels de règlement des conflits. Bien des citoyens ont tiré la conclusion qu'il fallait se faire directement justice. Par contre, l'inefficacité de l'appareil judiciaire se traduit par l'insécurité pour les investisseurs étrangers qui redoutent qu'en cas de litige, leurs adversaires n'achètent les juges pour obtenir des décisions à leur détriment.

Conclusion de la deuxième partie

L'évaluation de l'Etat en RDC confirme les évidences empiriques déclinées, dans la première partie, sur les liens entre la qualité des institutions et les résultats économiques. Les faiblesses relevées dans cette évaluation plaident pour les réformes institutionnelles d'envergure et de longue durée de manière à améliorer significativement les résultats économiques pour l'émergence et le développement de la RDC conformément aux échéances fixées par le Plan national stratégique de développement (PNSD). Mais les réformes institutionnelles supposent, pour une grande adhésion, une méthode d'approche, une pédagogie, un accompagnement psychologique sans lequel elles ne seront que lettre morte. La troisième partie de cet ouvrage aborde la délicate question de la reconstruction de l'Etat et la façon de s'y prendre pour assurer le développement durable de la RDC.

Troisième partie

Reconstruire l'Etat pour le développement de la République Démocratique du Congo

Chapitre 1
Réformes des institutions publiques

Les tendances fondamentales qui ressortent de l'histoire et des données de la RDC ainsi que de notre analyse économétrique, confortent l'idée que les pays en crise, qui veulent s'engager résolument sur la voie d'une croissance forte et durable, devraient préalablement procéder par des réformes institutionnelles sérieuses. Du reste, comme le reconnaît Fukuyama (1994), « ce qui est le plus urgent pour la majorité des pays en développement est d'accroître la force fondamentale de leurs institutions d'Etat afin de remplir ces fonctions essentielles que seuls les gouvernements peuvent assurer ». Les progrès notables enregistrés au cours de ces dernières années, avec la mise en place des institutions de la Troisième République ont permis de relancer l'économie et d'améliorer la gouvernance aussi bien politique qu'économique du pays. Les réformes envisagées ont certes porté quelques fruits mais qui demandent à être consolidées. Le renforcement des pouvoirs publics passe indiscutablement par une série de réformes, dont la RDC a déjà amorcé une partie. Il sera donc question de renforcer celles déjà en cours, et d'en amorcer celles encore en chantier. A cet égard, nous allons, dans ce chapitre, traiter de la réforme de l'administration publique, des services de l'armée et de la police. Puis nous évoquerons le rôle du contrôle parlementaire, un élément central du recadrage de l'action du pouvoir exécutif.

1.1. Réforme de l'administration publique

L'administration publique congolaise a été considérablement affaiblie par des décennies de mauvaise gestion et de conflits. Sa modernisation et sa redynamisation sont une priorité, parmi les mesures destinées à la renaissance de l'Etat. La présente section retrace les principales mesures qui ont été retenues dans le cadre de la réforme de l'administration publique, du reste en cours dans le pays, depuis 2012. Cette réforme vise à mettre en place une administration publique d'excellence au service des usagers.

En effet, l'expérience de nombreux pays montre qu'une administration qui fonctionne bien contribue à la croissance économique et au recul de la pauvreté. La réussite du programme de réforme de l'administration publique est donc l'enjeu institutionnel majeur des décennies à venir pour la transformation de la RDC. S'inspirant des expériences des pays qui ont réussi (dont la France et le Royaume-Uni à partir du 19ème siècle) et d'autres qui ont échoué ainsi que des efforts qui ont été déployés un peu partout dans le monde pour réformer l'administration, le Congo se devait d'amorcer un programme ambitieux de réformes, fondé sur des règles bien précises. Les objectifs poursuivis dans le cadre de cette réforme sont :

- mettre en place un mécanisme de pilotage dynamique, souple et efficace ;
- revisiter le cadre juridique de la Fonction publique ;
- rationaliser les cadres organiques de l'Administration publique, en renforçant ses missions et structures ;
- maitriser les effectifs et la masse salariale des fonctionnaires de l'Etat, en vue de disposer d'un fichier unique ;
- mettre en place un mécanisme de contrôle et d'assurance-qualité, former et renforcer les capacités de la fonction publique ;
- moderniser la gestion de l'administration publique et des ressources humaines correspondantes, par l'introduction des innovations techniques et technologiques (e-gouvernance) ;
- introduire des normes et procédures permettant le respect des règles d'éthique professionnelle, sur base des principes de transparence et de bonne gouvernance ;
- mettre en place une politique de sécurité sociale appropriée et un système de retraite moderne et innovant, pour offrir une retraite honorable et ouvrir des opportunités au rajeunissement de la fonction publique à partir d'un mécanisme concurrentiel ;
- reformer la politique salariale.

La bancarisation de la paie des agents et fonctionnaires de l'Etat a, à cet effet, été l'une des premières et remarquables mesures réformatrices à impact visible. L'objectif visé par cette opération était la détermination du niveau réel des effectifs et de la masse salariale de l'administration publique. Ainsi, l'opération a permis d'éviter les détournements massifs d'antan. Aussi requiert-elle l'ouverture d'un compte individuel au bénéfice de l'agent ou du fonctionnaire préalablement identifié par la banque intervenante. Cette manière de procéder permet au bénéficiaire d'entrer en possession de l'intégralité de son salaire et d'exclure tous ceux ou toutes celles qui n'étaient agents de l'Etat que de nom. Par ailleurs, cette opération a aussi permis de cristalliser un tacite pacte de « non-agression » avec les syndicats du secteur public.

Avant cette réforme, le paiement des salaires des fonctionnaires s'étalait sur 40 sinon 60 jours. Depuis la réforme, le paiement s'exécute à partir du 15ème jour du mois et s'achève avant la fin du mois. Le délai de paiement des salaires a donc été sensiblement réduit. Il y a certains résultats qui sont encore attendus et d'autres qui commencent à se matérialiser, notamment ceux relatifs au rajeunissement de l'administration publique avec les vagues de recrutement sur une base compétitive de jeunes fonctionnaires, ou encore l'adoption et la promulgation des textes de lois sur la réforme et la modernisation de l'Administration Publique, etc.

Tableau 16. Etat de lieu de la réforme de l'administration publique

Priorités et Résultats attendus	Etat d'exécution en 2015
Adoption et promulgation des textes de lois sur la réforme et modernisation de l'AP : *(i) Statuts des fonctionnaires et (ii) Création fonction publique Pouvoir central, Provinces & ETD*	(i) Loi sur l'organisation et le fonctionnement des services publiques centraux, des Provinces, des ETD adoptée et en attente de promulgation par le Chef de l'Etat. (ii) Nouveau statut du personnel de carrière des services publics de l'Etat en réexamen au Parlement.
Mise en place de la caisse de retraite des fonctionnaires	Décret finalisé et signé.

Mise en œuvre de nouveaux cadres organiques dans les 5 ministères pilotes/PRRAP (Budget, Finances, Fonction publique, Plan et Portefeuille)	(i) La circulaire du ministre de la Fonction publique sur la mise en œuvre des cadres organiques standards a été prise en date du 30/07/2015. Le concours écrit a eu lieu le 29/12/2015. (ii) Planification des ateliers d'élaboration et validation des nouveaux cadres organiques des ministères pilotes du PRRAP, PROFIT-Congo et PROMINES intégrant les directions standards (DRH, DAF, DEP renforcées, DANTIC)
Mise en œuvre du SIGRH-Paie pour la maîtrise des effectifs et de la masse salariale	(i) Etude réalisée par le cabinet SIMAC et se poursuit ; (ii) Data center en cours d'installation au ministère de la fonction publique (paramétrage et opérationnalisation).
Identification et mise à la retraite des fonctionnaires éligibles au sein des 5 ministères pilotes du PRRAP	Recrutement d'un cabinet pour accompagner le ministère de la fonction publique dans le processus de mise à la retraite : en cours de finalisation. Lancement de la mission auprès des ministères concernés programmée pour fin décembre 2015.
Rajeunissement de l'administration publique : Formation initiale & continue des élèves de l'ENA et des jeunes universitaires ainsi que leur intégration dans l'Administration publique	(i) Première promotion de l'ENA (60 énarques) en attente de leur intégration dans l'AP ; (ii) Deuxième promotion 100 énarques ; (iii) Les 543 jeunes promus officiers (JPO) sont tous en voie de clôturer leur stage au sein des administrations et intégrer la fonction publique.

Source : Ministère de la Fonction Publique (2013)

Au regard des éléments présentés ci-haut, il est fondamental de souligner que pour optimiser les chances d'atteindre tous les résultats escomptés, il vaudra bâtir un véritable « contrat social » entre les institutions, autour de la vision ainsi que des modalités de mise en œuvre de cette réforme voulue ambitieuse de notre Administration publique. Désormais, en RDC, les parties prenantes devront œuvrer autour de ce consensus, sur les règles et principes à observer pour la maîtrise de grandes phases du cycle de gestion des emplois publics, d'une part, et l'amélioration de prestations des services publics, d'autre part.[5] La mise en œuvre de toutes les dispositions de la réforme aura l'avantage de s'attaquer à l'inefficacité des services publics et de créer les conditions de la refondation d'une administration publique moderne et efficace.

1.2. Réforme du système de sécurité et de justice

Aucune activité économique porteuse de croissance ne peut se réaliser de manière durable dans un environnement de guerre, de tracasserie permanente ou d'injustice caractérisée. Il y a lieu de rappeler les mesures courageuses et vigoureuses engagées sur la voie des réformes nécessaires pour marquer le point de bifurcation et de rupture d'avec le passé. A titre illustratif, il y a lieu d'indiquer :

- la finalisation du recensement de la PNC et la délivrance des cartes de service biométriques pour une base de données de 107.000 effectifs recensés en 2013 ;
- la finalisation du recensement et identification biométrique des éléments des FARDC ainsi que l'opérationnalisation du système de fichier des salaires ;
- l'amélioration des capacités des juridictions militaires par la mise en opération des cellules d'appui aux poursuites judiciaires ;
- le renforcement de l'autonomie budgétaire et des attributs constitutionnels du Conseil Supérieur de la Magistrature (CSM) ;
- la nomination de 2000 nouveaux magistrats notamment pour l'installation de nouveaux Tribunaux de paix dans la perspective des élections locales ;
- la construction de nouveaux bâtiments pour abriter les Hautes Cours ;
- l'installation d'une de ces Hautes Cours, en l'occurrence la Cour Constitutionnelle.

---

5 Ministère de la Fonction Publique (octobre 2014).

La RDC devrait ainsi s'inscrire dans une trajectoire de changement historique susceptible de déterminer les processus décisionnels pour le développement, en fonction de ce chemin parcouru. Ainsi, il faudrait améliorer significativement la sécurité intérieure et extérieure du pays ainsi que la justice, l'un des piliers de l'Etat de droit.

1.2.1. Réforme de l'armée et de la police

Parmi les nombreux problèmes auxquels est confronté la RDC, la question militaire demeure sans doute l'une des plus préoccupantes et des plus délicates. Elle est aussi la plus déterminante pour l'avenir du pays qui a eu à faire face à de multiples conflits armés et rébellions. Cela reste donc un défi majeur pour la RDC. Le développement économique est inconcevable sans une armée et une police efficaces, capables d'assurer la sécurité des personnes et des biens, la paix sociale, la défense et la protection de l'intégrité territoriale. Par conséquent, la refondation de l'Etat congolais passe obligatoirement par la restructuration de l'armée et de la police. Cela induit notamment à repenser l'armée et la police tant dans leur structure, leur fonctionnement que dans les missions qui leur sont dévolues. Pour jouer efficacement leur rôle de sécurisation des personnes et des biens, de gardien de l'ordre institutionnel et public ainsi que de sauvegarde de l'intégrité territoriale, il est important que l'armée et la police soient républicaines, apolitiques, professionnelles, disciplinées, équipées et capables de mener des opérations offensives et défensives d'envergure.

Le gouvernement a entamé des réformes ces dernières années pour redorer l'image de l'armée et de la police nationale. Il s'est évertué à rationaliser leur personnel par une amélioration des procédures de recrutement. Un rajeunissement et un assainissement du personnel a été envisagé à travers le contrôle biométrique. Couplée avec la bancarisation de la paie des militaires et policiers, cette opération a permis d'améliorer la prise en charge effective des militaires et policiers par l'amélioration de leurs soldes, pour atteindre la moyenne régionale ou africaine de plus ou moins 100 USD pour le dernier soldat. Du point de vue logistique, le gouvernement a procédé à l'acquisition des équipements individuels et collectifs, au renouvellement des uniformes, à l'amélioration de l'alimentation, surtout des rations au combat. Il a aussi été envisagé des efforts pour améliorer la prise en charge médicale des militaires et policiers. Au sens de l'organisation, il y a lieu de noter l'implantation effective de nouvelles structures de Défense avec démarcation entre la chaîne de mise en condition (administration) et celle de la mise en œuvre (opération).

Dans le cadre de la réforme des FARDC, plusieurs dispositions ont été prises et formalisées à travers une série d'actes réglementaires visant notamment à favoriser le respect des engagements souscrits par la RDC dans l'Accord-cadre d'Addis-Abeba de 2013. Ces dispositions répondent à la nécessité de réorganiser la structure des forces armées en apportant des innovations en vue d'accroître son efficacité opérationnelle. Plusieurs ordonnances ont été également prises, notamment celles portant organisation et fonctionnement de l'Etat-major, de l'Inspectorat des forces armées, des forces des zones de défense, du commandement des écoles militaires, du secrétariat général des anciens combattants, des services de communication et d'information des FARDC, et de la garde républicaine. L'on note parmi les changements intervenus, la création des structures subordonnées à l'État major général, mais aussi des secteurs opérationnels pour protéger la population et éradiquer la violence d'où qu'elle pourrait venir. Il a aussi été créé des bases militaires, des groupements aériens et navals ainsi que des aumôneries militaires.

1.2.1.1. Création des corps d'élite

Il faudrait créer des corps d'élite dans l'armée et la police. Ces corps pourraient être constitués de meilleurs éléments recrutés sur base des concours rigoureux. Ils devront suivre des formations spécifiques qui les rendent professionnels et opérationnels très rapidement. A l'instar de ce qui a été suggéré ci-dessus pour l'administration publique, ces corps seraient le reflet d'une armée et d'une police modernes, à constituer dans un horizon temporel bien déterminé. La présence de telles unités d'action à court terme peut constituer une force dissuasive contre toutes les formes de menaces de sécurité internes et externes, et permettre au pays de se constituer assez rapidement une armée digne d'un Etat moderne ou d'un « géant » au niveau de l'Afrique centrale. Il faut noter que dans ce cadre, le gouvernement a procédé ces dernières années, à l'ouverture de toutes les écoles et académies militaires.

1.2.1.2. Apolitisme de l'armée et de la police

La démocratisation du pays, tout comme le développement économique, est une entreprise complexe dont les enjeux et les défis peuvent générer des conflits directs ou indirects entre les forces en présence. En effet, les forces hostiles à la liberté peuvent, à tout moment, user de la force illégitime pour torpiller la marche vers le progrès. Face à cette réalité, la constitution d'une force publique apolitique capable de défendre l'idéal démocratique, les institutions de la république, la sécurité des autorités légalement investies de cette charge et la sécurité des personnes et des biens, est on ne peut plus vitale.

Dans cet ordre d'idées, la nouvelle force publique doit être imprégnée elle-même de l'idéal démocratique. Le rôle de l'armée doit être envisagé dans une perspective plus large, intégrant la démocratie, la stabilité institutionnelle, la sécurité, l'ordre public et le développement. La future armée à mettre en place devra être au service exclusif du peuple; elle devra demeurer politiquement neutre afin de jouer, le cas échéant, son rôle d'arbitre ; elle pourra être un agent de développement, sur la base d'un programme de formation diversifiée touchant tous les secteurs de la vie sociale et économique. Enfin, le recours à l'armée comme moyen d'accès au pouvoir doit être banni, et tout pouvoir issu des coups d'Etat devra être combattu par la population et toutes les institutions républicaines, notamment les Cours et Tribunaux ainsi que le Parlement.

1.2.1.3. Discipline, motivation et dévouement à la cause nationale

La discipline est la mère des armées, dit-on. La capacité de l'armée et de la police à jouer efficacement leur rôle dépend de plusieurs facteurs, notamment de la discipline et de l'ordre. A la future charpente institutionnelle de la force publique doivent être attachées des valeurs telles que la bravoure, le courage, la discipline et l'ordre. Les forces de maintien de l'ordre doivent avoir pour mission de concourir à la garantie des libertés, à la défense des institutions, au maintien de la paix et de l'ordre public et à la protection des personnes et des biens. Elles doivent s'acquitter de ces missions dans le strict respect des droits de l'homme et des peuples. Lorsqu'elles seront autorisées à faire usage de la force, celle-ci doit être proportionnée au but à atteindre. Dans cette perspective, tout recrutement des forces de défense et de sécurité doit être soumis au critère de compétence, de courage, d'abnégation, d'intérêt général et d'équilibre national-ethnique.

1.2.1.4. Activité de développement

Au delà de sa mission classique d'assurer la souveraineté, la défense et l'intégrité du territoire, l'armée peut également avoir pour vocation de se consacrer au développement national en période de paix. Elle peut par exemple, s'atteler à l'œuvre de redressement économique du pays, en participant aux travaux de génie civil, d'agriculture et bien d'autres. Dans les pays industrialisés, l'armée se voit confier d'importants programmes de recherche et développement qui innovent dans les domaines de la science et de la technologie. Des sections spécialisées ont été créées, notamment le génie militaire qui participe au développement des infrastructures de communication, ou encore des bataillons entiers voués à la production agricole. Au Sénégal, assez tôt, des éléments de l'armée ont intégré l'université pour une formation médicale de haut niveau.

1.2.1.5. Coopération militaire

Le contexte de mondialisation s'accompagne de nouveaux défis militaires, qui suscitent la nécessité de renforcer la coopération militaire entre Etats, pour ne pas périr. La RDC devrait conclure des accords de coopération militaire aussi bien avec des puissances étrangères qu'avec des pays voisins.

« Le développement de la Corée du Sud s'explique aussi par un facteur non quantifié, trop rarement mentionné par les économistes : la garantie militaire américaine. Si l'armée des Etats-Unis, présente sur le territoire coréen, au Japon et sur les mers voisines, ne préservait pas leur sécurité, les Sud-Coréens auraient été plus préoccupés par leur défense que par leur enrichissement » [Sorman (2008)].

Le Congo a intérêt à s'engager dans les efforts de coopération et d'intégration des armées nationales au niveau régional, sous-régional et international. Le but ultime de l'intégration sous-régionale reste la mise en place d'une armée commune, à l'abri de toute allégeance interne ou externe, et garante de la sécurité collective et de la paix, préalables à tout développement économique et social. Il est devenu impératif de coordonner avec d'autres pays la défense commune contre d'éventuelles agressions extérieures et intérieures, et de se doter d'une structure apte à faire face aux conflits intra africains.

1.3. Réforme de la justice

Une justice efficace et crédible constitue non seulement l'une des bases de l'État de droit, mais aussi un facteur de la croissance et du développement, car un tel atout évite le règne de l'arbitraire et crée un environnement propice au bon déroulement des activités diverses. Les réformes à entreprendre dans ce secteur peuvent s'inspirer des expériences d'autres pays. En RDC, sept thèmes fondamentaux qui ont donné de bons résultats dans d'autres pays, peuvent être adoptés, à savoir : (i) l'indépendance du pouvoir judiciaire ; (ii) la responsabilisation accrue des juges ; (iii) la simplification des procédures juridiques ; (iv) l'accroissement des ressources humaines et financières ; (v) le déploiement des tribunaux spécialisés ; (vi) la reconnaissance du droit de contestation des décisions des pouvoirs publics par les citoyens ; (vii) l'équité et l'efficacité ; et (viii) la publication des plaintes associées au caractère public des procès.

1.3.1. Indépendance du pouvoir judiciaire

Les réformes qui améliorent le plus la qualité et l'intégrité de l'appareil judiciaire sont celles qui ont essentiellement pour but de créer une magistrature véritablement indépendante du pouvoir politique. La constitution congolaise du 18 février 2006 telle que modifiée à ce jour a réglé cette question aux articles 150 et 151. Il faudrait donc matérialiser davantage ces dispositions. De plus, l'instauration d'un système de freins et de contrepoids renforce, elle aussi, l'équité et l'intégrité de la justice.

Les données recueillies dans plusieurs pays montrent qu'il est possible de rendre les juges indépendants du pouvoir exécutif au sein de n'importe quel système judiciaire. La principale contrainte n'est pas la nature de ce dernier, mais ce sont plutôt les facteurs politiques qui conditionnent l'indépendance du système judiciaire. En RDC, il est possible de renforcer l'indépendance de la magistrature en recourant aux mesures ci-après :

- le renforcement du rôle du Conseil supérieur de la Magistrature ;
- les modalités de nomination et de promotion professionnelle ont vraisemblablement une incidence sur le degré d'attache à l'égard du pouvoir politique. L'expérience des concours organisés en 2010 doit être capitalisée[6] . En effet, le fait qu'en RDC, comme dans la plupart des pays du monde, la nomination à des fonctions les plus élevées de la magistrature incombe aux détenteurs du pouvoir exécutif, engendre des circonstances propices à des échanges de faveurs entre hommes politiques et magistrats avec le risque de favoriser la corruption et l'injustice ;

---

[6] L'étude menée par le PARJ en 2013 a mis en exergue les désidératas des magistrats sur ce point. Etude sur la féminisation de la magistrature en RDC, PARJ, janvier 2014.

- la mise en place de tous les organes judiciaires prévus par la Constitution. Des avancées sont enregistrées dans ce domaine. Le projet de Loi sur les juridictions de l'ordre administratif est en cours d'examen au Parlement ;
- la nomination des juges à vie, en leur reconnaissant une fonction prétorienne et en autorisant la juridiction suprême à se prononcer dans les affaires concernant des décisions des pouvoirs publics. Cette disposition est particulièrement importante pour les juges siégeant dans la plus haute juridiction du système judiciaire (la cour suprême, la cour de cassation, etc.) et ceux des tribunaux administratifs qui ont compétence dans les affaires où l'Etat est partie au litige. Cette juridiction des actes de l'Etat est devenue de nos jours caractéristiques de l'Etat de Droit. La Cour Constitutionnelle devrait donc jouer ce rôle.

Lorsque les juges sont nommés à vie, il est moins probable qu'ils puissent être influencés par des pressions politiques directes, et les politiques qui les ont désignés n'ont pas toujours une longévité gouvernementale. L'inamovibilité du magistrat du siège est un début de réponse à cette proposition. Par ailleurs, il serait particulièrement important que les magistrats soient indépendants lorsqu'ils ont à régler des différends opposant des citoyens à l'Etat et aux dirigeants politiques (par exemple sur des questions de liberté d'expression ou de contrats).

La Constitution de la République, en son article 151, alinéas 1 et 2, dispose cependant que : « Le pouvoir exécutif ne peut donner d'injonction au juge dans l'exercice de sa juridiction, ni statuer sur les différends, ni entraver le cours de la justice, ni s'opposer à l'exécution d'une décision de justice. Le pouvoir législatif ne peut ni statuer sur des différends juridictionnels, ni modifier une décision de justice, ni s'opposer à son exécution.»

A titre d'illustration, sur un échantillon de 71 pays ayant fait l'objet d'une étude de la Banque mondiale, il s'est avéré que les magistrats de la juridiction suprême dans 53 pays sont nommés à vie. Ce groupe de pays est très diversifié puisqu'il englobe notamment l'Argentine, l'Ethiopie, l'Iran et l'Indonésie. Neuf pays, dont Haïti, le Japon, le Mexique, Panama et la Suisse, confient un mandat d'au moins six ans, sans toutefois les nommer à vie, aux juges de cette juridiction. Le mandat est limité à six ans en Chine, à Cuba, au Honduras et au Viêt-Nam. La situation est similaire pour le mandat des magistrats des tribunaux administratifs :

- la réaffectation des magistrats ne doit pouvoir être effectuée qu'avec l'approbation écrite des juges, et après une période minimum prévue pour assurer leur stabilité. Cette règle a été adoptée en France en 1976 ; il faudrait qu'elle le soit aussi en RDC, car plusieurs juges sont parfois réaffectés à cause de leur convictions, de leur appartenance politique, ou après qu'ils aient donné tort à certaines personnalités politiques du pays dans un procès ;
- la durée du mandat des juges de la juridiction suprême et des tribunaux administratifs devrait être prise en compte dans la permutation.

Le pouvoir judiciaire dispose d'un budget élaboré par le Conseil Supérieur de la Magistrature qui le transmet au Gouvernement pour être inscrit dans le budget général de l'Etat (article 149, Constitution). Il pourrait exister différentes autres façons de renforcer l'indépendance du pouvoir judiciaire. Le budget de l'appareil judiciaire peut faire l'objet d'une loi qui lui accorde un pourcentage déterminé du budget total de l'Etat. De cette manière, il devient impossible de priver cet appareil de ressources. De plus, comme le montre l'expérience des tribunaux commerciaux en Tanzanie, les frais judiciaires perçus par les tribunaux peuvent être versés au budget de ceux-ci, jusqu'au moment où ce budget est pourvu, avant d'alimenter les recettes générales de l'Etat.

L'indépendance de la magistrature n'est toutefois pas une panacée ; elle peut aussi donner lieu à des dérapages si elle n'est pas entourée de garde-fous. Par conséquent, il faut que cette indépendance soit assortie de dispositions permettant à la société de lui réclamer des comptes. Cette surveillance peut être exercée aussi par les médias et les organisations de la société civile, s'ils sont libres, ou avoir lieu à travers des mécanismes incorporés au sein de l'appareil judiciaire lui-même, notamment l'organisation interne de l'Inspection des services judiciaires. L'opérationnalisation des chambres disciplinaires, le renforcement des dispositions disciplinaires dans le nouveau statut des magistrats vont dans ce sens. Les ONG sont devenues des partenaires de la Justice et dénoncent les dérapages constatés.

1.3.2. Responsabilisation accrue des juges : équité et efficacité

Pour mettre l'appareil judiciaire au service de toutes les couches de la population, il est important de prendre les mesures ci-après :

- assurer l'assistance judiciaire gratuite aux indigents. Le pro deo existe. Cependant, la prise en charge des avocats pro deo laisse à désirer ;
- garantir le droit des citoyens d'ester en justice sans aucune forme de discrimination ;
- accorder aux pauvres la possibilité de saisir l'inspection générale des services judiciaires pour des cas d'injustice avérée dans le chef des juges et magistrats. Cela peut se réaliser par une simple lettre ;
- poursuivre la fin de la détention des prévenus sans procès. Cela est rendu possible grâce aux inspections mensuelles des prisons. L'harmonisation des conditions carcérales à conduit à la libération de plusieurs détenus après des monitorings menés au Ministère de la Justice à partir de 2012 ;
- supprimer les lieux de détention à caractère privé ;
- poursuivre, avec l'installation des Tribunaux de Paix dans tous les territoires, le déploiement des tribunaux sur toute l'étendue du territoire national ainsi que la présence des magistrats ;
- respecter des délais pour le règlement des litiges afin d'éviter que des dossiers soient traités avec négligence et retard ou carrément classés sans suite, tel qu'inscrit dans la loi organique n°13/011-13 du 11 avril 2013 portant organisation, fonctionnement et compétences des juridictions de l'ordre judiciaire. Le non-respect du délai constitue une faute disciplinaire ;
- assurer le caractère public des procès.

La loi peut imposer des délais pour le règlement de certains types spécifiques d'affaires. L'imposition de ces échéances par voie législative est l'un des moyens préférés d'accélérer la marche de la justice. Les tribunaux de commerce créés en 2002 ont pour but de répondre à la célérité des affaires. En Argentine et en Bolivie, les magistrats sont tenus de respecter certains délais pour trancher les affaires.

1.3.3. Simplification des procédures juridiques et judiciaires

Le fonctionnement du système judiciaire est affecté par un excès de formalisme et la complexité des procédures. L'expérience montre que la simplification des procédures et la mise en application des jugements rendent la justice plus efficace. Les réformes structurelles à envisager dans ce cadre sont de trois types : la création des tribunaux spécialisés, la mise en place de mécanismes de substitution pour le règlement des différends et la simplification des procédures juridiques. Cette dernière peut déboucher sur de meilleurs résultats à travers notamment le remplacement des dépositions écrites par des témoignages verbaux.

1.3.4. Accroissement des ressources humaines et financières

Depuis plusieurs années, l'appareil judiciaire est loin d'avoir les ressources financières et humaines adéquates pour assurer une bonne administration de la justice. Cela tombe sous le sens que l'attribution de ressources supplémentaires améliore l'efficacité de la justice. Toutefois, cela n'entraîne une amélioration de l'efficacité que si cet accroissement des ressources vient compléter des réformes plus fondamentales, comme l'élimination de tout ce que l'on peut facilement déterminer comme faisant double emploi dans le système judiciaire et de tout ce qui compromet son efficacité.

La mise à disposition des ressources permet aussi d'assurer l'accès des pauvres aux services judiciaires, de garantir une bonne instruction des dossiers judiciaires en cas d'affaires nécessitant des enquêtes coûteuses et une bonne exécution des décisions judiciaires. Par ailleurs, le renforcement des ressources humaines passe par les mesures ci-après :

a) l'amélioration des conditions de travail des magistrats. Même si le pays ne peut se permettre de payer les juges, comme à Singapour, plus de 500.000 USD par an, il est possible d'augmenter progressivement leur traitement à de niveaux acceptables. En Uruguay, par exemple, les magistrats des plus hautes juridictions bénéficient actuellement des salaires comparables à ceux des ministres [Banque mondiale (1997)] ;
b) la rationalisation du recrutement des magistrats sur base des mérites afin de doter le pays d'un appareil judiciaire d'excellente qualité ;
c) le recyclage et la formation du personnel judiciaire ; ce qui explique la création de l'Institut National de formation judiciaire;
d) la publication des résultats de performance des magistrats ;
e) la sanction positive ou négative du personnel judiciaire.

Dans le cadre de la sanction positive, les magistrats du Parquet les plus méritants reçoivent, depuis l'année 2012, une prime d'encouragement, instaurée à l'initiative du Procureur général de la République, en vue de stimuler les meilleures pratiques et un comportement exemplaire dans la magistrature. Cette démarche, sans être une fin en soi, constitue néanmoins un élément d'émulation pour les magistrats qui sont donc appelés à se distinguer dans l'exercice de leur charge pour en bénéficier.

1.3.5. Tribunaux spécialisés

La manière dont les jugements sont rendus peut être modifiée par la création de tribunaux spécialisés. Cette spécialisation peut s'articuler autour d'un domaine (comme la faillite ou le droit commercial) ou être fonction du montant en cause. La création des tribunaux responsables de litiges portant sur de petits montants, ou l'extension de leur champ de compétences constitue l'une des réformes judiciaires qui donnent les meilleurs résultats. Ces tribunaux ont l'avantage de favoriser l'efficacité et la rapidité de l'appareil judiciaire. L'expérience du Brésil montre que l'instauration de tels tribunaux a permis de réduire de moitié le temps nécessaire au règlement d'une affaire et d'élargir l'accès à la justice. Ces tribunaux sont également très populaires dans les pays industrialisés. Le Royaume-Uni, où ils ont donné de très bons résultats, vient de porter à 5000 livres le montant maximum des litiges qui peuvent leur être soumis. Les tribunaux spécialisés dans les différends portant sur de petits montants sont aussi opérationnels en Australie, au Japon et aux Etats-Unis.

Par ailleurs, des pays comme l'Allemagne et les Pays-Bas ont instauré des tribunaux dont la fonction est d'accélérer le recouvrement des créances. Les tribunaux du travail créés en République d'Equateur ont contribué à accélérer le règlement des litiges en la matière. Puisque nombre de ces tribunaux spécialisés placent l'accent sur l'arbitrage et la conciliation, certains des résultats positifs qu'ils obtiennent peuvent être imputables aux efforts qu'ils déploient pour trouver de nouveaux moyens de trancher les différends. Les tribunaux spécialisés simplifient de plus la marche à suivre lorsqu'ils éliminent certaines des procédures en vigueur dans les tribunaux civils. Le tribunal commercial spécialisé récemment créé en Tanzanie, par exemple, qui est le fruit des efforts combinés du gouvernement, du secteur privé et des bailleurs de fonds internationaux, a amené de 22 à 3 mois la durée moyenne de règlement des litiges. Tel est le cas de la RDC, avec la création et l'installation progressive des Tribunaux de commerce et de Travail.

1.3.6. Reconnaissance du droit des citoyens de contester les décisions des Pouvoirs publics

En RDC, comme dans certains pays, les particuliers ne peuvent contester les décisions administratives des organes de l'Etat qu'auprès des tribunaux administratifs qui relèvent du pouvoir judiciaire. L'expérience de plusieurs pays où le droit des citoyens de contester les décisions des pouvoirs publics est garanti montre de façon générale que les gouvernements ont moins tendance à prendre des décisions arbitraires. Lorsque les tribunaux ont un droit de regard sur les décisions des pouvoirs publics, les agents de l'Etat auront moins tendance à abuser de leur pouvoir ; le fait que l'Etat s'interdise d'agir de manière arbitraire et accepte de rendre compte peut constituer une évolution cruciale dans le développement de l'ensemble du système judiciaire. Par ailleurs, de nombreux pays d'Europe continentale font appel au droit administratif et aux tribunaux spécialisés pour procéder à l'examen judiciaire des actes administratifs qui peuvent être contestés par le justiciable pour erreur de droit ou de fait. Ce système a été adopté à la Cour européenne de justice, qui est habilitée à statuer sur les décisions prises par les institutions européennes.

1.3.7. Transparence et inspection des services judiciaires

Les informations diffusées sur le fonctionnement de la justice pèsent sur les magistrats et influent sur leur sens des responsabilités qui peut également être renforcé par trois facteurs : la transparence, l'organisation d'un service interne d'inspection judiciaire, et la pression de la société civile.

a) Transparence judiciaire

Les informations sur les résultats de l'appareil judiciaire, qui permettent de suivre la performance des magistrats, constituent l'un des principaux facteurs qui influent sur le fonctionnement du système judiciaire. La production des statistiques précises accélère le fonctionnement de la justice, car les magistrats ont le souci de leur réputation. Un tel effet a notamment été mis en évidence en Colombie et au Guatemala. L'expérience accumulée aux Etats-Unis dans le cadre des programmes de réduction des lenteurs judiciaires donne elle aussi à penser que les rôles personnels incitent les magistrats à travailler davantage et à gérer plus efficacement les affaires qui leur sont confiées, car les problèmes qui marquent le règlement d'une affaire, et notamment les retards excessifs, peuvent alors être rattachés à un juge en particulier. Bien qu'il soit difficile de mesurer à quel point une personne a le souci de sa réputation, des réformes comme celles qui débouchent sur la communication des statistiques sur le fonctionnement de la justice, sont efficaces parce qu'elles offrent une base permettant d'évaluer le travail des magistrats ; ce qui a un effet sur leur réputation.

La bonne marche de la justice est également favorisée, en plus de l'être par la publication de statistiques, par plus de transparence dans la conduite des activités judiciaires ainsi que le soin que le magistrat apporte à sa réputation et son envie de prestige. Cet effet a été établi dans plusieurs pays industrialisés. Par ailleurs, lorsque les procès sont publics, la conduite des juges est observée par les avocats, les parties en cause, les medias et la population en général. Une analyse de l'incidence de la télédiffusion des procès dans l'Etat de New-York révèle que le fait d'être ainsi placé sous l'œil du public accroît d'un tiers l'efficacité des magistrats tout en renforçant la qualité de leurs jugements.

b) Renforcement du rôle du Conseil supérieur de la Magistrature et de l'Inspection des services judiciaires

Les systèmes judiciaires peuvent devenir plus efficaces lorsque les magistrats sont tenus de rendre compte : ils règlent alors les affaires plus rapidement et plus équitablement. Les mobiles qui animent les juges ont un effet sur le fonctionnement de la justice. La façon dont les institutions sont conçues a, elle aussi, une incidence sur les mobiles des juges.

c) Renforcement des pressions de la société civile et de la presse

La société civile peut également beaucoup contribuer à renforcer le sentiment de responsabilité des membres de l'appareil judiciaire. Le « contrat » du magistrat lui fait obligation de rendre un jugement efficace. Les caractéristiques institutionnelles du système judiciaire et l'existence d'institutions complémentaires (comme les médias) ont toutefois une incidence sur ce qui incite les magistrats à fournir un tel jugement. A titre d'illustration, aux Philippines, la *Foundation of Judicial Excellence*, le National *Citizens Movement* for Free Elections et le *Makati Business Club* ont lancé en 1992 le projet *Court Watch* dans le cadre duquel deux observateurs, généralement des étudiants en droit, suivent les audiences des tribunaux durant des périodes prolongées. Après chaque visite, ces observateurs évaluaient les juges sur la base de ce qu'ils avaient pu directement observer et aussi des enquêtes menées auprès des avocats et des procureurs concernés par les procès observés. Cette évaluation portait sur le degré de connaissance du droit du juge, sur le déroulement du procès et sur des éléments comme la rapidité, l'efficacité et la courtoisie. Peu après le lancement de ce programme, les médias ont constaté que le comportement des juges évoluait et que l'efficacité des tribunaux avait nettement augmenté [Banque mondiale (1991)].

1.3.8. Publication des plaintes associées au caractère public des procès

La publication des plaintes associée au caractère public des procès constitue un moyen efficace de réduire les abus de pouvoir des magistrats. Non seulement la publication des plaintes permet à la population d'être regardante sur la manière dont les magistrats instruisent les dossiers des plaignants, mais aussi les dossiers des faibles citoyens opposés à des hommes plus forts ne sont pas classés sans suite en raison de leur faiblesse sociale ou financière. Par ailleurs, il est important et utile que les audiences judiciaires soient rendues publiques comme nous l'avons déjà vu plus haut.

Le chemin vers l'obtention d'un système judiciaire efficace est encore long. Les états généraux de la Justice, tenus à Kinshasa du 27 avril au 02 mai 2015, ont passé au peigne fin tous les maux qui rongent la Justice et ont jeté des bases d'une justice saine et porteuse de germes d'espoir et de développement. Ces assises avaient pour objectifs de : (i) poser un diagnostic complet sur le fonctionnement du secteur de la Justice, en évaluant les réformes entreprises ; (ii) créer un consensus autour des réformes et actions prioritaires ; (iii) définir les modalités de mise en œuvre des réformes ; déterminer le mécanisme du suivi, et enfin (iv) porter une attention particulière au niveau de l'ordre prioritaire des recommandations.

Ces états généraux ont porté sur les thématique suivantes : (a) l'indépendance du pouvoir judiciaire ; (b) l'organisation, les compétences et procédures judiciaires ; (c) l'organisation des professions judiciaires, du personnel administratif et des auxiliaires de la Justice ; (d) l'accès à la justice ; (e) la sécurité juridique des investissements ; (f) la justice pénale ; (g) l'administration pénitentiaire ; (h) la planification, la coordination, le suivi des réformes et le financement de la justice et, enfin ; (i) la lutte contre l'impunité. Les opérateurs judiciaires ont fait des recommandations dont la mise en application s'avère urgente. Aussi, il y a lieu de s'interroger sur les contraintes institutionnelles qui pèsent sur les processus décisionnels susceptibles de générer l'engagement et l'appropriation de ces politiques par les décideurs publics. En effet, il faudrait qu'à cette demande de réformes puisse correspondre une capacité des institutions ou du moins des animateurs à bâtir une coalition autour desdites mesures pour leur appropriation dans la durée. Les processus décisionnels susceptibles de favoriser le consensus institutionnel autour de ces mesures devront être identifiés et implémentés.

1.4. Contrôle parlementaire

Le contrôle parlementaire constitue un des moyens pour limiter les abus dans la gestion des affaires publiques et de mettre réellement le gouvernement au service de la croissance économique et du développement national. L'efficacité de ce contrôle en RDC requiert le renforcement du contrôle /suivi du budget et des politiques de développement et le renforcement de suivi/évaluation de l'application des lois et des recommandations du Parlement au Gouvernement. Pour y arriver, des actions concrètes devront être prises, notamment la nécessité de la poursuite de renforcement des capacités des parlementaires et le recours aux organes consultatifs indépendants.

1.4.1. Reconnaissance et renforcement des droits de l'opposition parlementaire

La reconnaissance et le renforcement des droits de l'opposition parlementaire doivent se traduire par l'instauration du droit de l'opposition de contrôler la gestion du gouvernement de la majorité. Devenu un droit politique majeur, le droit de contrôle de la gestion gouvernementale par l'opposition, empêchera la majorité parlementaire d'être à la fois juge et partie de sa gestion, comme c'est le cas dans les démocraties occidentales. Toutefois, pareille réforme implique qu'il soit inscrit dans l'ordre constitutionnel et dans les règlements d'ordre intérieur des parlements, le principe d'une charte des droits et devoirs de l'opposition. Le défi consiste à établir la légalité constitutionnelle et la légitimité politique de l'opposition, en tant que l'essence d'une société démocratique.

Dans les systèmes politiques démocratiques, le bon fonctionnement des parlements dépend en partie de l'existence d'une véritable opposition qui y participe. Les partis minoritaires et les parlementaires indépendants élargissant le champ des choix politiques, donnent des points de vue divergents légitimes et contrebalancent le pouvoir exécutif. Assurer la représentation et la participation de tous les groupes est un défi que doivent relever toutes les sociétés multiethniques. Les groupes minoritaires ont besoin d'être convaincus qu'ils jouissent des mêmes droits que les autres, que leurs intérêts et leurs besoins sont pris en compte et qu'ils peuvent être au nombre des partis politiques traditionnels.

Il y a lieu de reconnaitre aujourd'hui que des avancées significatives sont à noter sous ce chapitre. En effet, le Gouvernement (le Premier ministre et tous les ministres) est régulièrement soumis au contrôle parlementaire, qu'il soit de l'initiative de la majorité au pouvoir, ou de l'opposition. Cela au travers de différentes missions parlementaires et des interpellations diverses. Des efforts ont été, par ailleurs, conjugués pour déposer le projet de budget de l'Etat au Parlement dans les délais constitutionnels. Et pour la première fois, il a été réalisé en 2015, la reddition des comptes pour l'exercice budgétaire 2014.

1.4.2. Poursuite de la formation des parlementaires

L'examen par le parlement des dossiers importants, complexes et techniques nécessite le travail des parlementaires qualifiés, ayant une perception large des dossiers qui leur sont confiés et des propositions qui leur sont fournies par le gouvernement. Dans ce cadre, des programmes de formations ont été arrêtés pour le renforcement de capacité des parlementaires. Il y a lieu aussi de saluer l'examen et l'adoption du projet de loi sur la reddition des comptes de l'exercice 2014 au Parlement. Il reste néanmoins vrai que la bonne gouvernance parlementaire ne pourra se réaliser que si le Parlement joue efficacement son rôle "classique" d'institution de législation, de contrôle et celui d'ajustement des politiques publiques. L'efficacité de la gouvernance parlementaire dépend largement des qualités morales et intellectuelles des députés et sénateurs. La gouvernance parlementaire requiert donc un plan d'action claire, des structures organisationnelles souples et transparentes et des parlementaires qualifiés sur des matières spécifiques. Les parlementaires doivent disposer des capacités adéquates pour mieux contrôler, et également mieux légiférer. D'où la nécessité de la poursuite des programmes de renforcement des capacités des parlementaires.

1.4.3. Recours aux organes consultatifs indépendants

L'expérience de la première législature de la Troisième République montre que les ressources humaines de l'assemblée nationale et de certaines assemblées provinciales accusent encore des faiblesses de nature à limiter, non seulement leur productivité parlementaire, mais aussi leur capacité de contrôle. Certaines études doivent être menées préalablement pour éclairer les législateurs dans le vote des lois ou le contrôle de gestion. Ceci, afin d'éviter des textes dont l'application serait impossible ou nuisible au développement, des textes nécessitant des amendements fréquents ou alors éviter des contrôles qui n'amènent qu'à des conclusions non satisfaisantes. D'où la nécessité d'une assistance technique.

Dans les démocraties plus anciennes, les députés et les commissions parlementaires peuvent faire appel à un personnel indépendant pour obtenir une assistance technique. En Allemagne, par exemple, le Parlement copte un certain nombre des personnalités de renommée dans des domaines spécifiques. Les parlementaires peuvent aussi recourir à des documentalistes, des archivistes, des bibliothécaires, ainsi qu'à une vaste gamme de compétences en dehors du parlement lui-même, les archives du parlement constituant une source d'information supplémentaire. Peu de parlements africains disposent de ce type de ressources.

Chapitre 2
Reformes économiques

Bien que regorgeant de fabuleuses et diverses potentialités, la RDC a besoin d'une claire vision économique, tenant compte des contingences politiques et économiques tant nationales qu'internationales. D'où la nécessité d'une orientation économique compatible avec son ambition de développement. Etant sortie d'une longue période de léthargie qui a occasionné une nette destruction des richesses pendant la décennie 1990, des réformes économiques courageuses s'y imposent tant en poursuite qu'en lancement. Ainsi, nous traiterons dans ce chapitre du système économique, du portefeuille de l'Etat et des organes de contrôle économique.

2.1. Système économique

Les perspectives de croissance et de développement d'un pays dépendent largement du système économique qui régit les activités. L'un des choix centraux auxquels toutes les sociétés sont confrontées concerne le rôle de l'Etat dans la sphère économique et sociale. Le succès économique attendu nécessite de trouver le juste équilibre entre l'Etat et le marché. En effet, quels services l'Etat peut-il fournir ? Doit-il y avoir des systèmes de retraite publics ? L'Etat doit-il encourager des secteurs particuliers par des incitations ? Quelles réglementations, le cas échéant, devrait-il instaurer pour protéger les travailleurs, les consommateurs et l'environnement ? Pour répondre à toutes ces interrogations, nous nous proposons d'aborder les points suivants : (i) l'économie sociale du marché ; (ii) la politique globale du développement ; (iii) l'institut de développement économique, et (iv) la promotion du secteur privé et le partenariat Public-Privé (PPP).

2.1.1. Economie sociale du marché

La crise financière et économique actuelle que subit le monde amène à reconsidérer plusieurs questions fondamentales qui touchent au rôle de l'Etat dans l'économie et le développement. En effet, l'Etat est appelé à jouer un rôle clé dans le développement économique et social, comme partenaire, catalyseur et promoteur de la croissance. Dans un pays attardé sur la voie du progrès économique, l'intervention de l'Etat est indispensable pour jeter les bases d'un développement durable. L'Etat crée les infrastructures dont le secteur privé a besoin pour promouvoir la croissance et favoriser la réduction de la pauvreté.

Aussi, l'Etat peut intervenir aux premiers stades de développement d'un pays comme cela a été le cas en République de Corée, au Japon et dans d'autres pays d'Asie de l'Est pour assurer la solidité des bases économiques, sociales et institutionnelles. Cela peut donner lieu aux interventions de l'Etat sous forme de subventions, ou de mesures spéciales d'incitation dans le secteur des infrastructures. Cela étant, il est essentiel de sélectionner judicieusement ces outils et de les utiliser efficacement, car des mesures commerciales et industrielles mal préparées peuvent, et l'histoire le montre bien, avoir des conséquences graves pour le pays.

La question cruciale à laquelle il convient impérativement de répondre pour l'avenir de la RDC, c'est celle de connaître la politique la mieux indiquée et qui mérite d'être choisie pour sortir le pays du cercle vicieux de la pauvreté. L'idée selon laquelle le développement des Etats-Unis a été l'œuvre d'un capitalisme sauvage laissé à lui-même, est fausse. Si l'essor des Etats-Unis a eu lieu, c'est en partie grâce au rôle qu'a joué l'Etat pour soutenir le développement, réglementer les marchés et offrir les services sociaux de base. Et la question qui se pose à la RDC est simple : l'Etat a-t-il déjà joué un rôle comparable pour soutenir le développement ? Si non, pourra-t-il le jouer dans l'avenir, pour créer les conditions d'un développement durable ?

Historiquement, l'Etat américain a joué un rôle encore plus important dans l'économie pour promouvoir le développement, dont celui de la technologie et des infrastructures. Au 19ème siècle, quand l'agriculture était au cœur de l'économie, l'Etat a créé tout le système des universités agricoles et des services d'extension. De gigantesques dons de terrains ont stimulé le développement des chemins de fer à l'Ouest. L'Etat américain a financé la première ligne télégraphique et au 20ème siècle, c'était la recherche qui a conduit à l'internet [Stiglitz, (1998)].

Durant la crise financière internationale, cette idée s'est révélée encore fausse, car l'Etat américain joue toujours un rôle crucial en matière financière et économique. Pour redresser l'économie américaine, le président Obama n'a-t-il pas « mis le paquet » : au total 787 milliards USD ; si l'on y ajoute les aides au système financier en déconfiture, il semble que les Etats-Unis aient mobilisé 5 % de leur PIB. L'industrie automobile, notamment General Motors et Chrysler, s'est vue accorder une trentaine de milliards de dollars d'aides. « Le pays qui a inventé l'automobile ne peut l'abandonner » s'est exclamé le président Obama[7].

En effet, l'action du Président Obama fait prendre à l'Amérique un virage impressionnant, celui du retour de l'Etat qu'avaient mis au rancart les présidents Reagan, Bush père et Bush fils. Il est en train de démontrer que, loin d'être un problème, l'Etat est une partie de la solution en temps de crise ; que les fonctionnaires ne sont pas des parasites et que l'impôt permet une répartition plus juste de la richesse, en finançant le fonctionnement des services publics de qualité. Il s'agit d'une véritable révolution et pour certains, d'un gauchisme.

Les Etats-Unis fournissent et garantissent également un important pourcentage du crédit par divers programmes : prêts immobiliers, prêts aux entreprises en difficulté, notamment dans le secteur automobile, prêts aux étudiants, à l'import-export, aux coopératives, aux petites entreprises. Non seulement l'Etat réglemente l'activité des banques et garantit les dépôts, mais aussi il s'efforce de garantir les crédits accessibles aux catégories de la population mal desservies, et du moins jusqu'à une certaine date. Un consensus semble se dégager à partir des années 1930, et davantage aujourd'hui avec la crise financière sur la nécessité des interventions de l'Etat et l'impossibilité d'un total laisser-faire. Le nouveau paradigme de la science économique semble

---

[7] *Revue du monde* n° 19 de mars-avril 2009.

être : « il n y a pas d'économie de marché sans garant, et le meilleur garant est l'Etat » [Sorman (2008)].

En RDC, la crise de l'Etat ne lui a pas permis de créer les conditions minimales de croissance et de développement, l'Etat s'étant plutôt distingué par sa passivité. Dans ces conditions et dans le contexte actuel de crise financière, l'utilisation du budget de l'Etat est un excellent moyen d'exercer une incidence sur la régulation de l'activité économique, soit par la relance des dépenses publiques avec effet d'accroissement de l'activité et des revenus par le multiplicateur keynésien, soit par la baisse des prélèvements obligatoires. En tout état de cause, il ne saurait être question de remettre en cause le principe de l'intervention de l'Etat, en raison de l'ampleur du chômage, du déficit des infrastructures de base, de la contraction économique et de la pauvreté quasi généralisée [Matata (2005)].

Le principe de toute politique contra cyclique réside dans la relance du budget en période de sous-emploi et dans la réduction des dépenses en période inflationniste. L'utilisation du budget est censée avoir une incidence sur la régulation de l'activité économique. La relance des dépenses publiques qu'elle entraîne est de nature à déclencher des forces expansionnistes dans plusieurs secteurs d'activités grâce à l'accroissement de la demande des biens et services. La relance de la demande pourra susciter un regain de productivité, favoriser l'accroissement des revenus, qui vont à leur tour alimenter encore la demande ; celle-ci stimulant aussi l'investissement et la productivité.

Dans ces conditions, la politique budgétaire peut constituer une perspective de relance simultanée de la demande et de l'offre et donner lieu à l'installation d'un phénomène cumulatif de croissance et d'efficacité globale de l'économie. Il s'agit là d'un cercle vertueux de la croissance. Du reste, l'instrument budgétaire peut offrir également aux pouvoirs publics des marges de manœuvre suffisantes pour intervenir efficacement dans la sphère économique et sociale, tout en assurant l'efficacité de l'Etat dans l'accomplissement de ses missions régaliennes. Mais, il ne s'agira pas d'utiliser la politique budgétaire pour faire du keynésianisme à tout vent ; certaines conditions d'efficacité devraient absolument être créées.

L'efficacité de cette politique nécessite, dans le cas de la RDC, l'association avec d'autres politiques sectorielles, l'allocation responsable des ressources, la lutte contre la corruption, le financement adéquat du déficit et des politiques d'accompagnement, notamment une politique monétaire et une politique salariale efficace, la réforme de l'administration publique et celle des entreprises publiques ainsi que l'assainissement du système financier. Il ne s'agira pas de soutenir aveuglément les entreprises. L'intervention de l'Etat devrait viser des secteurs stratégiques et porteurs de croissance, et faire l'objet d'un contrat de performances entre l'Etat et le secteur bénéficiaire des interventions. Par exemple, lorsque des branches d'activité jusque-là protégées ne parviennent pas à effectuer les ajustements nécessaires pour accroître leur efficacité dans un cadre de libre-échange, le gouvernement peut revoir sa politique d'intervention afin d'éviter des conséquences coûteuses. Les interventions prioritaires de l'Etat doivent être orientées vers le soutien aux secteurs des infrastructures de base ; à l'industrie et à l'agriculture.

2.1.2. Définition d'une bonne politique de développement

Un Etat fort doit disposer d'une bonne politique économique. Le cas plus instructif est celui des deux Corées, laboratoire exemplaire qui a permis de comprendre que les bonnes politiques conduisent au développement et les mauvaises au sous-développement. « La géographie, le climat, les ressources naturelles, la culture, la religion : tous ces facteurs auxquels on essayait de rattacher le développement, depuis les origines de la science économique, n'avaient aucune incidence décisive. La Corée suffit : elle prouve qu'une politique économique est juste ou fausse» [Sorman (2008)]. La Corée du Nord est sous-développée tandis que la Corée du Sud est une économie émergente.

Le pays doit disposer d'une politique globale et cohérente clairement définie et connue de tous les ministres, de tous les gouverneurs de provinces et de toute la population. Au niveau des ministres, il faudrait que chacun, en arrivant au gouvernement, trouve dans un document officiel, des objectifs clairement définis de son ministère sur base desquels il va développer son action. Ceci éviterait ce qu'on a l'habitude de voir actuellement : chaque ministre qui arrive définit sa politique et arrête les actions à entreprendre parfois en contradiction avec les objectifs des autres ministères. Ce qui conduit certains spécialistes à penser que la gouvernance congolaise se révèle être un « conglomérat de systèmes de décision, de gestion, de mécanismes institutionnels et de procédures de mise en œuvre mal interconnectés et mal coordonnés, donnant l'impression de poursuivre des intérêts divergents, voire conflictuels, sinon égoïstes ».

Au niveau des provinces, il faudrait veiller à ce que les actions soient en harmonie avec celles du gouvernement central. En effet, il arrive que le gouverneur de province prenne des décisions qui soient en contradiction avec celles prises au niveau central. La politique de développement d'une province devrait être en cohérence avec celles d'autres provinces surtout voisines. A titre d'exemple, la construction d'une route d'une province A peut se faire en harmonie avec la construction d'une route de même nature au niveau de la province B en vue de relier les deux provinces, notamment pour faciliter l'écoulement des produits alimentaires venant de la province A et consommés dans la province B et vice versa.

Mieux, un ministre au niveau du gouvernement central ou provincial ne peut pas inventer sa propre politique, comme c'est le cas le plus souvent. Des réunions mensuelles des gouverneurs de provinces devraient se tenir systématiquement et à tour de rôle, dans chaque province, pour faire le point de la situation interprovinciale ; tout comme une réunion trimestrielle est utile pour réunir les gouverneurs des provinces avec le gouvernement central. Les ministres du gouvernement central devraient aussi se réunir régulièrement avec les ministres provinciaux de même secteur. Par exemple, le ministre du plan se réunirait tous les deux mois avec les ministres provinciaux du plan. De tels forums seraient indispensables pour garantir la cohérence globale de la politique économique du gouvernement, c'est-à-dire une cohérence des politiques interprovinciales et une cohérence entre les politiques des provinces et celle du gouvernement central.

Nous suggérons aussi que des pôles de compétitivité soient créés au niveau de chaque province pour les mettre en concurrence. Ces pôles peuvent être compris comme la combinaison, sur un territoire donné, d'entreprises, des centres de formation et d'unités de recherche engagés dans une démarche partenariale, destinée à dégager des synergies autour des projets communs et à caractère innovant, et disposant de la masse critique nécessaire pour une visibilité qui peut être nationale ou internationale[8]. Enfin, le pays devrait concevoir et appliquer un ambitieux programme de renforcement des capacités institutionnelles qui tiennent compte des spécificités de toutes les provinces et de contraintes, afin de doter le pays d'une masse critique des compétences.

2.2. Institut de développement économique

La Corée du Sud s'est développé grâce notamment à son Korean Development Institute (KDI). Constitué d'experts formés aux Etats-Unis et en Allemagne, le KDI arrêta les plans de développement de la Corée qui ont atteint ses objectifs de manière globale. Il est important de créer une structure de stratégies de développement économique, qui sera l'organe de conception et d'évaluation des politiques de développement au niveau national. Cette structure devrait être ainsi animée par des experts de haut niveau, ayant une connaissance parfaite des questions théoriques et pratiques du développement économique. Des professeurs d'université reconnus ainsi que des personnes qualifiées ayant œuvré longtemps dans le développement économique seraient bien indiqués. Ces spécialistes du développement travailleraient en étroite collaboration avec les instituts de recherche multisectorielle du pays, pour la formulation des projets de politique économique pluriannuels qui serviraient de base pour la politique économique du gouvernement. L'institut de développement, dans le cadre de la décentralisation en cours d'exécution, devrait être représenté en provinces. Les instituts de développement économique provinciaux traiteraient des mêmes questions, mais au niveau

[8] Définition adaptée à partir de celle de Christian Saint-Etienne (2008).

provincial, et fourniraient la matière de base aux gouvernements provinciaux pour leurs politiques économiques respectives. Pour plus d'efficacité, cet institut devrait travailler en étroite collaboration avec les centres d'excellence dans les différents ministères, et plus tard avec les directions compétentes de l'administration publique réhabilitée. Ils devraient aussi être en partenariat avec les instituts de recherche internationaux.

C'est dans cet institut que l'on devrait trouver des spécialistes du développement sur la Chine, sur Singapour, sur la Malaisie, les Etats-Unis, la France, etc. Ces spécialistes devraient ainsi être en mesure de faire des recommandations concrètes, lorsque le pays se déciderait de se référer à l'expérience d'autre pays donné car, en effet, au-delà de ce que l'on peut voir, le développement d'un pays est la résultante de plusieurs stratégies conjuguées qu'il est parfois difficile de pénétrer à première vue. A titre d'exemple, lorsque le pays s'est décidé de s'approcher de la Chine pour les différents accords de partenariat économique, l'Institut de développement économique aurait au préalable donné des avis pertinents sur toutes les actions à entreprendre. Il pourrait aussi faire des évaluations périodiques pour aider le gouvernement à renégocier éventuellement les accords en cas de nécessité.

2.3. Promotion du secteur privé et partenariat Etat-secteur privé

L'Etat doit travailler à l'amélioration du climat des affaires. Un Etat fort, c'est aussi un Etat qui est en mesure de protéger le secteur privé contre les tracasseries de toute nature, et de lui garantir les conditions optimales d'activités. Voila pourquoi l'Agence Nationale de Promotion des Investissements (ANAPI) a été créée en 2002. Pour que l'Etat paie convenablement les salaires des militaires, de la police, des fonctionnaires de l'administration publique, ou construise les routes et hôpitaux, il est appelé à mobiliser suffisamment de ressources. Celles-ci proviennent notamment, des prélèvements sur les chiffres d'affaires des entreprises privées.

Toujours dans le cadre des efforts d'assainissement du climat des affaires, le gouvernement a créé le CPCAI en 2009, une structure ad hoc au ministère du Plan pour l'amélioration de la position de la RDC au niveau du classement du *Doing Business*. Quelques pays africains ont eu à le faire et les résultats se sont révélés bien impressionnants en l'espace de quelques années. Ainsi, certains d'entre eux ont pu faire des bonds spectaculaires dans ce classement, grâce notamment à une réduction exceptionnelle des procédures et du délai de création d'entreprises.

Dans le rapport *Doing Business* 2010, la RDC a occupé le 182ème rang sur 183 économies mondiales. Les réformes engagées ont néanmoins permis de changer positivement la position dans le rapport *Doing Business* 2011, où elle a occupé la 175ème place sur 183 économies. Dans le rapport 2012, elle a perdu 3 places, soit 178ème sur 183 économies. Et en 2013, elle est 181ème sur 185. Dans celui de 2014, elle 183ème sur 189 puis en 2015, elle est 187ème sur 189 et comptée dans le Top 10 des pays réformateurs étant, en 2016, 184ème sur 189.

D'autres réformes importantes ont été entreprises par la RDC pour améliorer le climat des affaires et des investissements. Il s'agit notamment de la mise en place d'un guichet de création d'entreprise, permettant la création d'entreprise en 3 jours, avec 120 USD pour les sociétés, et 40 USD pour les individus, de l'adhésion à l'Organisation pour l'harmonisation en Afrique du Droit des affaires, OHADA en sigle, et de l'application de la convention de New-York sur les sentences arbitrales rendues à l'étranger, visant à renforcer la sécurité juridique et à protéger des investissements, de la mise en place des centres nationaux d'arbitrage et des tribunaux de commerce, du guichet unique intégral pour le commerce extérieur, de la libéralisation de certains secteurs économiques (assurance, électricité, ...), de l'instauration de la Taxe sur la valeur ajoutée (TVA), de la réduction du délai, de la fusion des échéances fiscales, de la mise en place du formulaire unique de déclaration d'impôt et de la réduction du taux d'imposition des sociétés sur les bénéfices et profits, de 40 à 35 %, etc.

Le secteur privé à lui seul ne peut pas tout faire. En effet, l'expérience de certains pays dans le domaine de développement montre que les forces du marché seules, ne suffisent pas non plus à assurer un développement humain satisfaisant, et que des dépenses du secteur public, quelles qu'elles soient, n'atteignent pas tous les buts recherchés. D'où la nécessité de conclure et de consolider les partenariats public-privé. Ceux-ci sont des contrats de long terme, à durée déterminée, par lesquels la puissance publique décide de confier à des entreprises généralement privées la mise en œuvre d'une mission d'intérêt général. Ils permettent de faire appel à l'expertise et à la capacité de montage et de financement du secteur privé, pour rénover des équipements existants, faire naître des équipements nouveaux ou fournir des services de qualité afin d'améliorer la compétitivité économique des territoires et le bien-être des populations. La formule de partenariat est devenue un concept central dans la promotion du développement communautaire et la gestion des projets de développement, car elle a produit des résultats encourageants dans plusieurs pays [Saint-Etienne (2007)]. Mais, il faut le souligner, les PPP sont un instrument de développement économique dont les effets dépendent de la rigueur de ses conditions d'emploi et de la détermination de ceux qui y recourent.

2.4. Réforme du portefeuille de l'Etat

Cette partie fera ressortir les résultats atteints dans le cadre de la réforme des entreprises publiques, initiée en 2008. Il s'agit de présenter dans leurs grandes lignes les objectifs assignés à la réforme, ensuite leurs retombées au point de vue qualitatif et quantitatif.

2.4.1. Objectifs de la réforme

Six objectifs principaux suivants ont été assignés à la réforme des entreprises du portefeuille de l'Etat, à savoir : (i) l'assainissement du portefeuille de l'Etat, (ii) l'amélioration de l'organisation et de la gouvernance du portefeuille et des entreprises, (iii) l'amélioration du potentiel de production et de rentabilité (iv) l'amélioration de la qualité des biens et services rendus, (v) le renforcement de la compétitivité des entreprises publiques et (vi) l'augmentation de la contribution des entreprises publiques au PIB ainsi qu'au Budget de l'Etat.

2.4.2. Retombées du point de vue qualitatif et quantitatif

2.4.2.1. Du point de vue qualitatif

On observe de 2008 à ce jour que :

(i) le portefeuille de l'Etat a été assaini. Grâce aux lois y afférentes promulguées en 2008, il se compose uniquement de 27 sociétés commerciales, dont l'Etat est actionnaire à 100 % auxquelles s'ajoutent 47 sociétés d'économie mixte (dont 17 à participation paritaire ou avec minorité de blocage, et 30 à participation minoritaire). Le Comité de pilotage de la réforme des entreprises publiques (COPIREP) et le Conseil supérieur du Portefeuille (CSP) ont été réformés. Seule la création du « Fonds spécial du portefeuille » n'a pas encore été concrétisée ;

(ii) la situation financière des entreprises a été assainie, à la suite de la mise en application des règles de reprise, par l'Etat, des passifs non assurables. A ce titre, 1.953.573.244,52 USD ont été effacés et nettoyés des états financiers des entreprises publiques transformées en sociétés commerciales allégeant ainsi la hauteur de leur passif total et, pendant une certaine période, la pression sur leur trésorerie ;

(iii) la mise en place progressive des outils et organes de gestion dans les entreprises, grâce aux textes en rapport avec leur gouvernance ;

(iv) la qualité des biens et services rendus et la compétitivité des entreprises sont en cours d'amélioration à la suite des investissements entrepris, dans certains secteurs, par le Gouvernement, seul ou avec l'aide de certains bailleurs de fonds. Tel est le cas des améliorations, dans le secteur des transports : accroissement des unités de trafic transportées et réduction des délais d'acheminement à la SNCC (acquisition des locomotives), à la SCTP (Redevance logistique terrestre (RLT), réhabilitation des bateaux de Kokolo et Gungu), amélioration des infrastructures d'aide à la navigation aérienne (Tours de contrôle et pistes de la RVA), création de Congo Airways. Dans le secteur de l'énergie : amélioration de la desserte en eau (PEMU) et en électricité (PMDE et SAPMP).

2.4.2.2. Du point de vue quantitatif

On observe, de même, ce qui suit :

(i) Un exercice d'évaluation du coût de la réforme a conduit à déterminer, pour les activités réalisées jusqu'en octobre 2013 (mise en place du cadre juridique, transformation en sociétés commerciales, activités de restructuration des entreprises, volet social, coût des études sur le désengagement et fonctionnement du COPIREP), un montant estimé à 203.127.454,14 USD. A la même date, les ressources extérieures de l'ordre de 1.234.172.528 USD ont été décaissées par les partenaires pour le financement de la réhabilitation de l'outil de production des entreprises structurantes sur un total mobilisé de 2.468.345.056 USD.

(ii) à ces coûts, il est opportun d'ajouter la reprise des passifs assurables de 1.953.573.244,52 USD, toutes les interventions financières ponctuelles de l'Etat dans les différentes entreprises jusqu'à ce jour. Bref, compte tenu de ces données financières manquantes, on peut fixer un coût partiel de 3.390.873.226,66 USD qu'il conviendrait de comparer aux avantages tirés de la réforme (contribution au PIB en termes de valeur ajoutée), aux finances publiques (dividendes, recettes fiscales, non fiscales, boni de liquidation et recettes de désengagement, quote-part des pas de porte perçu par le Trésor, etc.) et à quantifier ;

(iii) l'objectif d'atteindre une rentabilité moyenne globale du portefeuille de 2 % est encore loin d'être atteint. En effet, malgré un environnement économique intérieur favorable, les activités réalisées par les entreprises publiques transformées en sociétés commerciales se sont soldées au cours des exercices 2012 à 2014 par des pertes d'exploitation consolidées importantes (respectivement de 247.098.170,811.053.097 et 639.586.930 USD) ne permettant de dégager ni dividendes, ni autofinancement suffisant pour compléter en interne les investissements ;

(iv) la contribution au budget de l'Etat reste encore faible. La RDC ne tire encore rien au titre des dividendes pour ses placements dans les sociétés commerciales du portefeuille qui sont en majorité déficitaires. Les faibles ressources mobilisées le sont au titre des impôts et taxes diverses, impôts professionnels sur les rémunérations et des assignations imposées au titre de contribution spéciale. Cette contribution s'est établie respectivement à 88.020.000 USD et 184.384.000 USD en 2013 et 2014. A noter que ces sommes sont versées à la suite des rappels à l'ordre du ministère du Portefeuille (pour les assignations) et des pénalités pour paiement tardifs infligées par les Régies financières et qui sont justifiées par les difficultés de trésorerie évoquées par les mandataires desdites sociétés commerciales. Par contre, la contribution au titre de dividendes perçus des entreprises d'économie mixte a été de 65.759.468,99 USD en 2013 et 103.716.000 USD en 2014.

Ainsi, face aux sommes importantes déjà englouties dans le cadre de la réforme et aux résultats encore mitigés qu'on observe, il y a lieu de noter ce qui suit :

a) les pertes d'exploitation qui demeurent importantes, les charges du personnels liées aux effectifs pléthoriques et aux conventions collectives qui consomment la quasi-totalité des ressources d'exploitation et l'insuffisance d'autofinancement qui conduit au sous-investissement des entreprises, découlent de : (i) l'absence d'orientation stratégique de la part des conseils d'administration en manque aussi bien d'idées novatrices que de compétences avérées dans les domaines d'activités couverts par lesdites sociétés, (ii) l'application des méthodes de gestion archaïques en dépit de la mise en place progressive des outils modernes (*résistance au changement et à la modernité*) et (iii) la non-application de l'obligation de redevabilité des mandataires vis-à-vis de l'Etat actionnaire;

b) la qualité des biens et services rendus, l'amélioration de compétitivité des entreprises et de leur rentabilité sont tributaires de l'orthodoxie dans la gestion des entreprises et d'énormes investissements dans les outils de production (*que l'Etat ne peut assurer seul dans les entreprises du portefeuille*). Les résultats engrangés en termes de dividendes perçus (*sans compter les autres impôts et taxes*) dans les entreprises d'économie mixte dénotent effectivement qu'une bonne vision stratégique couplée aux compétences éprouvées des dirigeants en fonction et à un bon autofinancement conduit à de bons résultats ;

c) au risque de perdre les fonds mobilisés auprès des bailleurs et par le gouvernement et rendre moins attractives et rentables les opérations futures de désengagement, il y a nécessité de :

(i) innover en vue de renforcer l'obligation de redevabilité. A ce titre, et étant donné les fonds importants injectés dans les entreprises structurantes, les dispositions nécessaires devraient être pises pour qu'à dater de la fin de la période de leurs Assemblées générales ordinaires de 2016, les Présidents des Conseils d'administration et les Directeurs généraux desdites entreprises défendent leurs états financiers, les stratégies mises en œuvre et leurs rapports d'activités au gouvernement réuni en Conseil des ministres. Les mandataires des autres sociétés commerciales du portefeuille pourraient progressivement défendre les situations économiques et financières de leurs entreprises devant les membres de la Commission économique, financière et reconstruction (ECOFIRE) ;

(ii) au terme de cette évaluation, recruter sur de bonnes bases et faire piloter la stabilisation et le redressement des entreprises par des gestionnaires aux compétences avérées après signature des contrats mandat et ;

(iii) procéder à terme à l'ouverture du capital de certaines entreprises à des partenaires privés.

2.5. Renforcement des organes de contrôle

Pour rendre le contrôle plus efficace et dissuasif, il faudrait que les institutions de contrôle soient dotées de personnel compétent et que les résultats de contrôle soient suivis des sanctions positives comme négatives. A cet effet, les mesures ci-après peuvent être prises : (i) l'indépendance de la Cour des comptes et de l'Inspection générale des Finances ; (ii) l'instauration des missions mixtes de contrôle ; (iii) l'instauration des mécanismes de contre-vérification en recourant aux structures privées d'audit ; (iv) la transparence des résultats de contrôle et efficacité dans la mise en œuvre des recommandations ; (v) l'installation des antennes provinciales de la Cour des comptes et de l'Inspection générale des finances.

2.5.1. Indépendance de la Cour des comptes et de l'Inspection générale des finances

L'indépendance des institutions chargées du contrôle de gestion des affaires publiques est un facteur déterminant de l'efficacité de leur mission. Elle suppose que les organes de contrôle jouissent de larges marges de manœuvres dans la programmation, l'organisation et la publication des résultats de leurs missions ainsi que le suivi-évaluation des recommandations issues des contrôles. Cette indépendance suggère aussi que toutes les institutions républicaines soient contrôlées et auditées. Le contrôle à réaliser devrait s'inscrire dans une perspective plus globale, dépassant les limites des aspects financiers. Il devrait couvrir aussi les aspects organisationnels des institutions, notamment les aspects administratifs et techniques de la gestion des institutions et de la passation des marchés divers. Le programme annuel de contrôle devrait être transparent et reprendre clairement les structures à contrôler, les personnes concernées (interlocuteurs), les aspects à couvrir et les calendriers de missions. Par ailleurs, l'indépendance des organes de contrôle devrait les mettre en position de proposer des mesures disciplinaires à l'encontre des gestionnaires délinquants. Pour éviter que cette indépendance ne conduise à des dérapages, il est important que des garde-fous soient établis dans le fonctionnement des organes de contrôle dans le but de s'assurer de leur objectivité et impartialité. A ce jour, nous pouvons noter les actions réalisées visant l'amélioration de l'efficacité de ces services.

Au niveau de la Cour des comptes :

- adoption du plan stratégique de développement à moyen terme de la Cour des Comptes ;
- recrutement et formation de 52 magistrats stagiaires ;
- construction et réhabilitation des bâtiments de la Cour des Comptes ;
- consultations en 2014 sur le projet de proposition de loi portant organisation, composition et fonctionnement de la Cour des Comptes ;
- signature du décret n°13/050 du 06 novembre 2013 portant règlement général sur la comptabilité publique (RGCP).

Au niveau de l'inspection générale des finances :

- adoption et mise en œuvre du plan stratégique pour la réforme de l'IGF, avec notamment l'élaboration du projet de texte relatif à la révision du cadre juridique d'organisation de l'IGF ;
- formation des Inspecteurs des finances en matière d'audit des marchés publics et sur les techniques d'audit de performance et d'audit des projets et programmes ;
- renforcement des capacités matérielles de l'IGF.

2.5.2. Instauration des missions mixtes de contrôle

L'instauration des missions mixtes de contrôle constitue également un moyen pour éviter les abus de pouvoirs des contrôleurs à leur propre profit, et accroitre l'efficacité des contrôles. Les missions mixtes peuvent revêtir ainsi plusieurs formes : couplage des missions des organes publics et couplage des missions d'un ou des organes publics avec un organe privé de contrôle. Dans le premier scénario, une mission mixte de l'Inspection générale des Finances et de la Cour des comptes peut être organisée pour certains cas de gestion des affaires publiques. Ces types de missions méritent d'être réalisés pour les contrôles touchant toutes les institutions. Dans le second scénario, la Cour des comptes et /ou l'Inspection générale des finances effectuerait la mission avec un organe privé. Cette proposition vise à crédibiliser davantage les premières missions de contrôle étant donné le caractère complaisant de certaines des missions actuelles. Cela donnerait aux audités un peu plus de garantie sur l'impartialité et l'objectivité des conclusions. Par ailleurs, pour accroître l'efficacité du contrôle, les premières missions pourraient être suivies d'une contre-vérification recourant aux structures privées d'audit.

2.5.3. Transparence des résultats de contrôle et mise en œuvre des recommandations

L'efficacité des contrôles dépend aussi de la transparence qui doit caractériser la publication des résultats et des sanctions y afférentes. L'expérience de la RDC montre que plusieurs missions de contrôle se clôturent souvent sans publication des résultats ou carrément sans présentation de rapports. Il est important que les résultats de contrôle soient régulièrement portés à la connaissance de la population afin que celle-ci se rende bien compte de la manière dont les affaires publiques sont gérées. Cependant, il ne suffit pas de publier ces résultats, il faudrait également que soit clairement établie et efficacement assurée la mise en œuvre des recommandations, notamment les mécanismes de sanctions. En effet, l'impunité favorise la mégestion et entraine la déliquescence de l'État.

2.5.4. Installation des antennes provinciales de la Cour des comptes et de l'Inspection générale des Finances

La Constitution de la Troisième République consacre la décentralisation comme mode de gestion administrative politique et financière du pays. Cette décentralisation aura notamment pour implication le transfert des compétences et des charges aux entités décentralisées. Cela entraînera la prise en charge, par les gouvernements provinciaux, des responsabilités autrefois assumées par le pouvoir central. Les provinces bénéficieraient également des ressources financières et des ressources humaines accrues pour faire face aux prérogatives constitutionnelles qui leur sont dévolues. Par conséquent, il devient urgent et important de créer des structures de contrôle en provinces afin d'assurer un contrôle de proximité, qui est nécessaire pour une gestion rationnelle des charges et des ressources publiques. A ce stade, nous notons l'adoption d'un projet d'arrêté type des organes provinciaux de contrôle et la création des directions provinciales de contrôle des marchés publics.

Chapitre 3
Réexamen de la coopération bilatérale et multilatérale

La principale question qu'on peut se poser sous ce chapitre est de savoir si l'aide extérieure reçue jusque-là par la RDC a contribué comme il le fallait au progrès économique du pays ; tout en sachant qu'un pays ne se développe pas du seul fait de l'appui extérieur. La RDC a accumulé jusqu'à 14 milliards USD de dette extérieure, et au même moment la pauvreté n'avait fait qu'augmenter. Pourquoi cette aide massive n'avait-elle pas aidé le pays à se développer ? Parce qu'il n'y avait pas d'institutions capables de garantir une meilleure utilisation des ressources extérieures comme intérieures ; parce que l'administration publique n'était pas en mesure d'interagir de manière responsable avec les partenaires au développement ; et parce qu'en définitive, l'État était faible.

Les projets n'étaient toujours pas bien conçus, toutes les ressources n'arrivaient pas à destination, l'exécution n'était pas efficiente et harmonieuse ; certains projets n'étaient pas achevés, etc. D'où, la question de savoir si l'aide est vraiment nécessaire pour le développement d'un pays. Vieille et lancinante question soulevée par Dambisa Moyo qui soutient, parlant du continent noir, que « couper le robinet n'entrainerait pas le naufrage de l'Afrique ». C'est même le contraire qui se produirait : « accro » depuis soixante ans à des injections d'aide occidentale qui ont « appauvri les pauvres », le continent, désintoxiqué, pourrait enfin se lever et marcher vers la « renaissance »… l'aide n'est pas bénigne, elle est maligne… Et au final, le remède a aggravé le mal : il a incité à la paresse, favorisé la corruption et « fomenté » bien des conflits. ». Et parmi les propositions pour contourner cette difficulté, l'économiste zambienne n'exclut pas « un dictateur de bonne volonté et déterminé » plutôt « qu'une démocratie multipartite » [Jeune Afrique (2009)].

Si l'on devrait appliquer le raisonnement de Dambisa à la RDC, on déduirait que l'aide était, et est mauvaise, et qu'il faudrait l'arrêter. Qu'il vallait mieux une autre dictature, une bonne peut-être, que la démocratie actuelle pour prétendre à un développement économique ! Nous reviendrons sur cette question à la conclusion générale pour donner notre point de vue là-dessus mais, l'autre question importante qui découle de la thèse de Dambisa est de savoir si la RDC peut vraiment se passer de l'appui financier extérieur des institutions financières internationales, dons ou emprunts, dans sa situation actuelle. A notre avis, le moment n'est pas indiqué et ce, pour plusieurs raisons.

Premièrement, parce qu'il faut rembourser les dettes issues des emprunts antérieurs. Pour ce faire, il faudrait maintenir le dialogue avec ces institutions pour pouvoir espérer bénéficier des réductions et annulations possibles de la dette extérieure. Deuxièmement, le pays vient de sortir de la guerre et les dégâts causés par ces conflits armés sont énormes au niveau de toutes les infrastructures dont la reconstruction nécessite la mobilisation d'énormes ressources financières. Troisièmement, la situation sécuritaire, tant au niveau des frontières que de l'intérieur du pays, reste encore fragile et requiert beaucoup de moyens pour pouvoir rebâtir une armée, une police et une administration publique modernes.

En effet, le pays a donc besoin de l'aide extérieure, mais il ne faudrait pas que celle-ci s'éternise et empêche les opérateurs politiques de réfléchir sur des politiques pertinentes, parfois originales de maximisation des ressources internes, seul gage d'un développement durable. Les autorités du pays doivent penser à terme à se passer de l'aide extérieure. Plusieurs pays sont arrivés à se passer des institutions de Bretton Woods, d'autres pensent le faire dans un horizon temporel bien défini. Nous avons vu le progrès que le Botswana a enregistré dans ce domaine.

Actuellement, la coopération (multilatérale et bilatérale) reste très déséquilibrée et n'est pas de nature à garantir un développement économique durable du Congo. D'un côté, l'on est en présence d'un État qui accuse une certaine faiblesse avec une administration léthargique, qui a du mal à interagir de manière efficace avec les multilatéraux et bilatéraux. En outre, la plupart des fonctionnaires de l'État et des opérateurs politiques n'ont pas de maîtrise suffisante des rôles et/ou règles de fonctionnement des bailleurs de fonds et considèrent, parfois à tort, ces derniers comme des bienfaiteurs. De l'autre côté, il y a des institutions multilatérales bien organisées, comme le FMI ou la Banque mondiale, qui disposent d'un personnel généralement compétent, expérimenté et ayant une idée précise des insuffisances chroniques de l'administration publique congolaise. Les pays développés utilisent, à défaut, des structures nationales appropriées, et pour des raisons évidentes, leurs propres organismes de coopération et d'aide pour le financement direct des activités sur terrain. Ils ont confiance dans leurs institutions et administrations publiques bien structurées, rodées et efficientes. Cette situation est à la base de plusieurs conséquences négatives dont les plus importantes sont :

- l'absence d'une bonne coordination de l'aide extérieure. Par conséquent, il est impossible d'avoir une photographie exacte de l'aide à une période donnée. D'importantes ressources financières passent en dehors du circuit budgétaire, et ne sont donc pas retracées au niveau du Trésor public ;
- la mauvaise gestion de l'aide extérieure. A l'exception des ressources octroyées par les institutions multilatérales et certains bilatéraux, et qui sont gérées conformément aux exigences fiduciaires rigoureuses et auditées régulièrement, plusieurs fonds octroyés directement aux organisations non gouvernementales sont parfois mal gérées et prennent quelque fois des destinations inconnues des bénéficiaires potentiels et officiels congolais ;
- le déséquilibre sectoriel de l'aide. Certains secteurs sont favorisés par rapport à d'autres ; l'analyse faite sur la question indique que 85 % de l'aide est concentrée sur les secteurs suivants : protection sociale, genre et pauvreté (32 %), gouvernance politique et administrative (21 %), gouvernance judiciaire et sécurité (12 %), santé (10 %) et activités multisectorielles (10 %) ;
- la mauvaise répartition géographique de l'aide. Certaines provinces sont mieux servies au détriment des autres ;

- l'imposition par certains bailleurs des projets ou programmes parfois non compatibles avec les objectifs prioritaires et préoccupations du gouvernement ;
- le faible taux d'absorption des ressources, dû notamment à l'inapplicabilité des directives de certains bailleurs, qui ne tiennent nullement compte de l'état de dégradation économique et sociale du pays ; et enfin,
- la très forte concentration de l'aide par bailleur puisque les 10 premiers bailleurs contribuent à 90 % des versements. Alors que les 15 plus petits bailleurs contribuent à 10 % des versements totaux.

Plusieurs actions méritent d'être menées en vue de corriger cette situation très préjudiciable au pays. De manière durable, il s'agit de réhabiliter l'administration publique et de favoriser la création d'un engagement citoyen réel. Mais à court terme, il devra s'agir notamment de créer un cadre de suivi et de coordination des projets de développement et de consolider le cadre de suivi du programme économique du gouvernement conclu avec les partenaires. Il faudrait aussi veiller au renforcement de la présence de la RDC au niveau des institutions internationales et des organismes régionaux et sous régionaux. Ces propositions concernent non seulement la coopération avec les pays développés et les institutions multilatérales, mais aussi celle avec la Chine et l'Inde. Sinon, les mêmes causes produisant les mêmes effets, une nouvelle dette extérieure s'élèverait du côté de l'Orient. En effet, pour plusieurs spécialistes, la Chine, en passe de devenir la deuxième puissance économique du monde, constitue une alternative pour l'obtention des financements du développement en Afrique. L'avantage des financements chinois est qu'ils comportent moins de conditionnalités, notamment sur les droits de l'homme, la lutte contre le terrorisme, le blanchiment d'argent. La RDC a signé plusieurs accords avec la Chine pour le financement des infrastructures de base en contrepartie de l'exploitation minière. Ces accords ont porté sur plusieurs milliards USD avec une garantie indirecte de l'État et des conditions d'endettement jugées non concessionnelles par les institutions de Bretton Woods.

3.1. Cadre de coordination des projets de développement

Il existe au ministère du Plan, une direction chargée de la coordination des ressources extérieures. Comme pour la plupart des structures de l'administration publique, cette direction n'est pas en mesure de faire son travail correctement. La meilleure solution aurait été de renforcer les capacités de cette direction pour qu'elle soit en mesure de répondre rapidement aux préoccupations du gouvernement. Cependant, les exigences à court terme, voire immédiates, d'un partenariat dynamique et constructif, nécessitent l'existence d'une structure adéquate, capable d'interagir directement avec les partenaires au développement. La structure jouerait le rôle d'organe-conseil auprès des ministères des plans et des finances, voire de la coopération régionale, pour s'assurer que tous les accords de partenariat et de financement restent conformes aux intérêts supérieurs de la nation du point de vue des aspects de gestion des projets, les autres aspects pouvant relever d'autres institutions spécialisées. L'institution s'assurerait aussi que l'exécution des projets par les bailleurs est conforme à leurs engagements ; car jusque-là, ce ne sont que les bailleurs eux-mêmes qui prennent l'initiative de faire de telles revues qui incriminent généralement la partie gouvernementale sans trop s'appesantir sur leurs propres insuffisances.

Ce serait aussi l'occasion de s'assurer que les agences d'exécution congolaises ainsi que les autres agences de coopération des bailleurs des fonds exécutent leurs tâches conformément aux accords bilatéraux et multilatéraux. D'une manière générale, ces agences de coopération ne sont nullement contrôlées par le gouvernement et ne rendent même pas compte au pouvoir local, alors qu'elles gèrent des fonds publics congolais. En dépit du fait qu'elles sont auditées et suivies par leurs gouvernements respectifs, la partie congolaise, bénéficiaire de ces ressources, devrait s'assurer que leur utilisation est efficiente.

A défaut de créer une nouvelle structure – ce qui prendrait encore du temps – une structure nationale existante pourrait, dans le court terme, être responsabilisée directement. Cette structure devrait disposer des experts nationaux compétents et ayant une maîtrise parfaite des règles de fonctionnement des institutions multilatérales et bilatérales. Le BCECO, structure nationale sous tutelle du ministère des finances, présenterait à cet égard beaucoup d'avantages. Depuis près de dix ans, il s'occupe de la gestion des projets et est associé à plusieurs négociations des accords de financement. Il pourrait interagir avec efficacité, avec tous les partenaires au développement, au mieux des intérêts de la République. Mais, pour raison d'efficacité et d'impartialité, ses missions devraient être redéfinies.

3.2. Cadre de suivi du programme économique du gouvernement

L'objectif recherché est d'offrir au gouvernement un cadre restreint tant au niveau ministériel qu'à celui des experts pour s'assurer que les différents programmes sont bien négociés et bien exécutés. Au niveau ministériel, l'équipe pourrait être plafonnée à cinq personnes. C'est dire que le cadre actuel de concertation où se retrouvent généralement une dizaine de ministres et autres conseillers n'offre pas les conditions nécessaires requises pour le suivi rigoureux et pertinent du programme économique. L'équipe de cinq se réunirait une fois par semaine pour examiner les rapports préparés par les experts en vue de faire rapport à la commission économique et financière du gouvernement, qui elle peut être élargie à dix ministres et conseillers, et se réunir une fois toutes les deux semaines. Cette commission ferait alors rapport au conseil des ministres une fois par mois.

Au niveau des experts, il faudrait renforcer la compétence des personnes appelées à négocier les différents programmes avec les experts du FMI, de la BM, de la BAD et d'autres institutions similaires, et d'en assurer le suivi. Au lieu de créer une nouvelle structure, le Comité technique de suivi des réformes économiques du gouvernement (CTR) actuel pourrait bien en assumer la fonction. Toutefois, pour raison d'efficacité, son rôle mériterait d'être renforcé, afin de garantir un meilleur pilotage du programme au niveau du ministère des finances. Par ailleurs, il faudrait que le niveau des experts soit relevé significativement, notamment par un recrutement du personnel sur concours et par des stages d'immersion à longue durée au FMI ou encore auprès des instituts d'études, de recherche et de prospective de haut niveau dans certains pays développés.

Les experts des deux structures évoquées ci-dessus devraient dès lors travailler en étroite collaboration avec les centres d'excellence ministériels, y compris celui du ministère des finances. A terme, lorsque les différentes directions ministérielles auraient retrouvé leurs pleines capacités, les deux structures devraient disparaître pour laisser la place à des directions compétentes des ministères des finances et du plan qui devraient faire leur travail. Au niveau gouvernemental, il importe de soutenir, de consolider et de pérenniser l'élan déjà en place depuis 2010, au travers des instances de suivi de l'activité économique et financière du pays, telles la Troïka stratégique et la Troïka politique.

3.3. Renforcement de la présence de la RDC au sein des institutions internationales et des organismes régionaux et sous-régionaux

Il paraît impérieux de mettre en œuvre une politique claire et nette en matière de placement des cadres au niveau des institutions internationales et des organismes régionaux et sous-régionaux. En effet, l'absence criante ou la sous-représentation du pays dans ces institutions et organismes influe négativement sur la nature des rapports entre la RDC et ces organisations qui gèrent des flux financiers importants. Tout comme elle constitue, à n'en point douter, un handicap majeur pour le rayonnement du pays dans la sous-région et au niveau international.

Il est révélateur de voir comment les pays développés et d'autres en développement se disputent pour la direction des institutions internationales et des organismes des Nations-Unies ; car, c'est au niveau de ces institutions que se prennent souvent les grandes décisions sur la marche des économies du monde, lesquelles décisions s'imposent à tous les pays de la planète. La dernière bataille en date a opposé l'Egypte au Danemark pour l'occupation du poste de Directeur général de l'UNESCO. Un État fort, c'est aussi cet État dont la voix se fait entendre au niveau international, et dont le concours est sollicité par d'autres pays au niveau des forums mondiaux. Il est donc absurde que la RDC recherche le développement de son économie, dans un environnement de mondialisation poussée, tout en étant quasi absente au niveau de la sphère internationale ou en y demeurant comme figurant, sans droit à la parole du fait d'arriérés de paiements au titre de contribution au budget de fonctionnement de ces institutions.

Les actions à poser dans ce domaine consisteraient, dès lors, à établir une liste complète des institutions internationales (multilatérales et bilatérales) et des organismes régionaux et sous-régionaux, à dresser un inventaire exhaustif des cadres congolais qui y travaillent comparé au quota éventuel réservé au pays, à veiller à la promotion des meilleurs de ces cadres, à liquider tous les arriérés de paiements au sein de ces institutions sur base d'un échéancier devant être exécuté rigoureusement, et à suivre de manière régulière l'évolution des cadres nationaux dans ces structures.

Le pays dispose d'énormes compétences confinées à l'intérieur du pays ou abandonnées au plus bas niveau des institutions internationales et régionales qu'il se doit de promouvoir à travers une politique volontariste en la matière. En effet, la plupart des compatriotes positionnés dans ces institutions, y sont arrivés par leur seule initiative et par leurs propres efforts. Dans un premier temps, une cellule d'appoint se chargerait de cette question par exemple au niveau de la Primature, avec un centre d'exécution au niveau du ministère des Finances ou du Plan, en étroite collaboration avec les ministères de la coopération régionale et des affaires étrangères. La Présidence de la république pourrait en assurer aussi le suivi, la question étant d'intérêt national.

Conclusion de la troisième partie

Dans cette troisième et dernière partie de l'ouvrage, nous avons donné des indications sur les différentes réformes que la République Démocratique du Congo (RDC) devrait opérer pour s'engager sur la voie de l'émergence et du développement, tout en faisant le point sur les réalisations observées depuis le début des années 2000. Globalement, la troisième partie établit que la RDC a besoin de consolider les réformes en cours pour disposer d'une architecture institutionnelle forte qui lui permettrait de mieux exploiter son potentiel de croissance et de développement économique. Aussi, il y a nécessité que la coopération bilatérale et multilatérale soit reconsidérée pour que l'aide soit réellement au service du développement de la RDC.

Conclusion générale

Bien au-dessus de débats doctrinaux auxquels se livrent encore les économistes sur le rôle de l'Etat dans le développement économique, les récents événements mondiaux ont fini par conduire vers un consensus, sur la place que devraient occuper les pouvoirs publics dans l'impulsion, l'encadrement et la promotion de toute économie. La préoccupation majeure demeure celle de définir les prérogatives qui doivent être dévolues auxdits pouvoirs et l'efficacité avec laquelle ils sont censés les accomplir.

Ce travail a eu le mérite de faire une distinction importante entre les institutions que nous avons appelées, pour des raisons méthodologiques *hard* (c'est-à-dire prises au sens des organes) – parlement, gouvernement, armée, police, cours et tribunaux - et les institutions *soft,* à savoir la constitution, les lois, les contrats, les droits de propriété, etc. Alors que la première catégorie (hard) peut être considérée comme *l'infrastructure institutionnelle*, la seconde s'érige telle une *superstructure institutionnelle.* Aussi, la force, mieux l'efficacité d'un Etat réside en premier lieu dans son infrastructure institutionnelle, qui doit servir d'armature à la superstructure.

Ainsi, les prérogatives dévolues à l'Etat, dans son rôle d'impulsion et d'encadrement des activités économiques, ne peuvent s'inscrire dans l'efficacité nécessaire que si ses institutions-organes sont efficientes, fortes, et capables de faire appliquer les règles dans toute leur rigueur (*enforcement*). *A contrario*, la déliquescence desdites institutions débouche inexorablement sur la faillite de l'Etat, qui non seulement n'est pas en mesure de répondre aux attentes des populations, mais au pire, peut engendrer des effets négatifs, décourageant toute initiative économique, et conduisant au sous-développement.

Le survol historique du cas de la RDC a ainsi permis de relever des expériences attestées par des évidences empiriques que les affres économiques qu'a connues le pays durant les deux décennies 1980-1990 étaient le fait de l'absence de l'Etat, qui était dépouillé de toute efficacité, et par conséquent de toute crédibilité de faire appliquer un quelconque plan économique. En revanche, les résultats engrangés à partir de 2010 témoignent du rôle déterminant des institutions – alors progressivement rétablies dans leur efficacité – dans le pilotage de l'économie nationale. La « réhabilitation » des institutions dans leur efficacité politique et opérationnelle est la résultante des réformes qui constituent des voies obligées pour le rétablissement de l'Etat dans son rôle premier.

A cet égard, il y avait lieu de souligner que de nombreuses réformes engagées par les institutions nationales ont certes porté des fruits, mais nécessitent d'être renforcées pour certaines, et recentrées pour d'autres en vue d'espérer engager réellement le pays sur la voie de l'émergence économique prônée et érigée en consensus politique par tous les Congolais. Douloureuses puissent-elles être, ces réformes sont indispensables pour reconfigurer l'Etat congolais en vue de mieux le préparer à rencontrer cette ambition nationale.

La réflexion que nous avons menée est parmi les premières consacrées exclusivement à l'analyse des effets de la qualité des institutions sur la croissance économique en RDC. Pour faire une analyse rigoureuse de la relation institutions – progrès économiques, il nous a fallu concevoir un indice composite permettant d'apprécier la qualité des institutions congolaises. Quoiqu'il s'agisse d'un indicateur qualitatif, nous pensons qu'il pourra bien servir pour d'autres études sur le rôle des institutions dans le développement économique de la RDC.

Etant donné que la littérature aussi bien théorique qu'empirique se développe de plus en plus en mettant en avant-garde le rôle des institutions dans le développement des secteurs d'activité bien précis, il y a lieu d'envisager des études de l'impact de la qualité des institutions sur les télécoms ou le secteur financier de la RDC. Il serait aussi possible d'approfondir la réflexion sur le rôle de l'accumulation du capital humain sur la qualité des institutions congolaises tout en précisant les canaux de transmission des effets du capital humain sur les institutions.

Il serait également possible enfin d'envisager la construction d'autres indices composites pour apprécier certains aspects de la gouvernance ou de la qualité des institutions que nous n'avons pas pris en charge dans notre indice composite. On pourrait dès lors chercher à établir un lien étroit entre les notations que nous avons obtenues et celles obtenues par des agences de notation ou des organisations internationales telles que la Banque africaine de développement (BAD) et la Banque mondiale.

Bibliographie

A. Ouvrages

1. Acemoglu, D. & J.A. Robinson, 2012, *Why Nations Fail: The Origins of Power, Prosperity and Poverty*, Crown Publishing Group.
2. Akagül, D., 2005, *Démocratie, stabilité politique et développement : analyse du cas turc*, Université de Lille.
3. Barack Obama, 2008, *De la race en Amérique*, édition Grasset Bernard et Fasquelle, Paris.
4. Barro, R. et X. Sala-i-Martin, 1995, *Economic Growth*, McGraw-Hill: New-York.
5. Barro, R., 1997, *Les facteurs de la croissance économique : une analyse transversale par pays*, MIT Press, Cambridge.
6. Borner, S., F. Bodmer et M. Kobler, 2004, *Le rôle des facteurs politiques dans la croissance économique*, OCDE.
7. Calderisi R., 2006, *L'Afrique peut-elle s'en sortir ? Pourquoi l'aide publique ne marche pas ?*, Montréal, édition Fides.
8. Clague, C., 1997, *Institutions and Economic Development*, John Hopkins University Press, Baltimore.
9. Collier, P. et Hoeffler, A., 2007, Dépenses militaires et les risques de coups d'Etat, *Centre pour l'étude des économies africaines*, Université d'Oxford.
10. Couplet, X. et D. Heuchenne, 1998, *Religions et Développement*, Edition Economica, Paris.
11. Dallenne P. et A. Nonjon, 2009, *L'espace mondial : fractures ou interdépendance ?*, Paris, édition Ellipses.
12. Dambisa Moyo, 2009, *L'aide fatale*, Ed. Jean Claude Lattès, Paris.
13. Fukuyama F, 2004, *State Building*, Paris, La Table Ronde.
14. Greene, W. 1993, *Econometric Analysis*, Prentice Hall, New Jersey.
15. Guichard, R., 2008, *Edmund Silberner, historien et penseur des rapports entre économie et guerre*, archive hal-00292966.

16. Halacy D. S., Jr., 1976, *Etats dans l'Etat, la Fédération des Etats-Unis d'Amérique*, éditions Gaignault, Paris.
17. Kabuya Kalala et Matata Ponyo Mapon, 1999, *L'espace monétaire Kasaien : crise de légitimité et de souveraineté monétaire*, édition l'Harmattan, Paris.
18. Kankwenda Mbaya, 2007, *L'économie politique de la prédation au Congo-Kinshasa : Des origines à nos jours (1885-2003)*, édition ICRDES, Kinshasa.
19. Kankwenda Mbaya, 2007, *Les intellectuels congolais face à leurs responsabilités devant la nation*, édition ICRDES, Kinshasa.
20. Kaufmann, D. et A. Kraay. 2002, *Growth Without Governance*, The World Bank.
21. Lunda Bululu, 2003, *Conduire la première transition au Congo-Zaïre*, édition l'Harmattan, Paris.
22. Mabi Mulumba, 1998, *Les dérives d'une gestion prédatrice : le cas du Zaïre devenue RDC*, édition CRP, Kinshasa.
23. Mappa Sophia, 1995, *Développer par la démocratie ? Injonctions occidentales et exigences planétaires*, éd. Karthala, Paris.
24. Masahiko Aoki, 2006, *Fondement d'une analyse institutionnelle comparée*, éd. Albin Michel, Paris.
25. Matadi Nenga Gamanda, 1997, *Le droit à un procès équitable*, édition Droit et idées nouvelles, Louvain-la-Neuve.
26. North, D.C., 1981, *Structure and Change in Economic History*, Norton: New-York.
27. North, D.C., 1990, *Institutions, Institutional Change and Economic Performance*, Cambridge University Press, Cambridge.
28. Nurkse, R., 1968, *Les problèmes de la formation du capital dans les pays sous-développés*, Cujas, Paris.
29. Nyongo Peter Anyang, 1991, *Afrique : La longue marche vers la démocratie : Etat autoritaire et résistances populaires, sept études*, édition PUBLISUD-FTM, Paris.
30. Paatii Ofosu-Amaah W., S. Raj et K.Uprety, 2002, *Combattre la corruption*, Editions Eska.

31. Rostow, W.W., 1960, *Les étapes de la croissance économique*, édition du Seuil, Paris.
32. Saint-Etienne, C., 2007, *L'Etat efficace*, édition Perrin, Paris.
33. Scully, G.W., 1992, *Constitutional Environments and Economic Growth*, Princeton University Press, Princeton.
34. Sen, A., 2000, *Un Nouveau Modèle Economique (Développement Justice)*, éd. Odile Jacob, Paris.
35. Sorman, G., 2008, *L'économie ne ment pas*, édition Fayard, Paris.
36. Stiglitz J., 2000, *La grande désillusion*, éd. Fayard, Paris.
37. Stiglitz J., 2006, *Un autre monde contre le fanatisme du marché*, éd. Fayard, Paris.
38. Touraine, A., 1994, *Qu'est-ce que la démocratie ?*, édition Fayard, Paris.
39. Trefon, T., 2004, *Reinveting order in the Congo: how people respond to the failure state in Kinshasa*, ed. Zed Books, New-York.
40. Tshiyembe Mwayila, 2001, *Etat multinational et démocratie Africaine : Sociologie de la renaissance politique*, édition l'Harmattan, Paris.

B. Articles

1. Acemoglu D., Aghion P. et Zilibotti F., 2006, « Appropriate Institutions for Economic Growth », *Journal of the European Economic Association*, vol. 4, n° 1.
2. Acemoglu D., Johnson S. &. Robinson J., 2004, "Institutions as the Fundamental Cause of Long-Run Growth", *NBER Working Paper* 10481.
3. Acemoglu, A., S. Naidu, J. A. Robinson, P. Restrepo, 2014, « Democracy does cause growth », *NBER working paper* n°20004 (19 May).
4. Acemoglu, D. et J.A. Robinson, The Role of Institutions in Growth and Development, *Commission on Growth and Development Working Paper* No.10. Washington DC. World Bank.

5. Acemoglu, D., 2003, "Why not a Political Coase Theorem? Social Conflict, Commitment, and Politics." *Journal of Comparative Economics* 31 (4).
6. Acemoglu, D., et S. Johnson, 2005, Unbundling Institutions, *Journal of Political Economy* 113 (5).
7. Acemoglu, D., J. A. Robinson and S. Johnson. 2001. « The Colonial Orgins of Comparative Development: An Empirical Investigation», *American Economic Review*, Vol. 91.
8. Acemoglu, D., J. A. Robinson, Y. Thaicharoen et S. Johnson, 2003. Institutional Causes, Macroeconomic Symptoms: Volatility, crises and Growth, *Journal of Monetary Economics*, Vol. 50.
9. Acemoglu, D., T. Reed & J.A. Robinson, 2013, « Chiefs: Elite Control of Civil Society and Economic Development in Sierra Leone », *NBER Working Paper* 18691.
10. Akitoby, B. et M. Cyniabuguma, 2004, Sources of Economic Growth in Democratic Republic of Congo: A cointégration Approach, *IMF Working Paper WP*/04/114, Washington DC.
11. Alesina, A. et G. Tabellini, 1990, A Positive Theory of Fiscal Deficits and Government Debt, *Review of Economic Studies*, n°57.
12. Alesina, A. et Perotti, R., 1994, The Political Economics of Growth: A Selective Survey and some New Results, *World Bank Economic review* 8.
13. Alesina, A. et Perotti, R., 1996, Income Distribution, Political Instability and Investment *European Economic Review* 40.
14. Arestis, P et Demetriades P., 1996, Finance and Growth: Institutional Considerations and Causality, *Working Paper* 9605, University of East London, Department of economics.
15. Arestis, P., P. O. Demetriades and K. B. Luintel, 2002, "Financial Development and Economic Growth: The Role of Stock Markets", *Journal of Money, Credit, and Banking*, 33.
16. Aron, J., 2000, "Growth and Institutions: A Review of the Evidence", *World Bank Research Observer*.

17. Asiedu, E. and A. Villamil, 2000, «Discount Factors and Thresh-olds: Foreign Investment when Enforcement is Imperfect» *Macroeconomic Dynamics*, 4(1).
18. Barro, R., 1991, Economic Growth in a Cross Section of Countries, *Quarterly Journal of Economics.*
19. Barro, R., 1996, Democracy and Growth, *Journal of Economic Growth* 1.
20. Beji S. et D. Youssef, 2010, La place de la régulation bancaire dans le développement bancaire et la croissance : une approche institutionnelle pour les pays d'Afrique du Nord et du Moyen-Orient, *Région et Développement* n° 32.
21. Campos, J. Edgardo, Donald Lien and S. Pradhan. 1999. « The Impact of Corruption on Investment: Predictability Matters», *World Development*, 27 (6).
22. Campos, N. and J.B. Nugent, 1998, "Institutions and Growth: Can Human Capital Be a Link".
23. Clague, C., P. Keefer et S. Knack, 1996, "Property and Contract Rights in Autocracies and Democracies." *Journal of Economic Growth* 1 (2).
24. Clague, C., P. Keefer, S. Knack et M. Olson, 1996, "Property and Contract Rights under Democracy and Dictatorship", *Journal of Economic Growth* 1.
25. Collier, P., 1999, On the Economic Consequences of Civil War, *Oxford Economic Papers.*
26. De Gregorio J. & Guidotti P., 1995, "Financial Development and Economic Growth", *World Development,* 23(3).
27. Demetriades P. et Fielding D., 2009, "Information, institutions and Banking Sector Development in West Africa", *University of Leicester/Working Paper* No.09/04.
28. Demetriades P. et Law S.H., 2006, "Finance, Institutions and Economic Development", *International Journal of Finance & Economics*, 11(3).
29. Dollar, D. et A. Kray, 2000, "Institutions, Trade, and Growth", *Paper for the Carnegie-Rochester Conference Series on Public Policy.*
30. Donald Kaberuka, 2008, « Confidences de Donald Kaberuka, »*Jeune Afrique* n° 2493-2494, du 19 octobre au 1er novembre 2008.

31. Durand, E., 2015, Comment le régime démocratique peut améliorer l'efficacité économie ? *BSI Economics*, juin.
32. Easterly, W. et R. Levine, 1997, « Africa's Growth Tragedy: Policies and Ethnic Divisions», *Quarterly Journal of Economics*, Vol. 112.
33. Easterly, W. et R. Levine. 2002. « Tropics, Germs and Corps: How Endowments In.uence Economic Development.» *NBER Working Paper* 9106.
34. Easterly, W. et S. Rebelo, 1993, Fiscal policy and economic growth: An empirical investigation. *Journal of Monetary Economics,* 32 (3).
35. Easterly, W., 2001, "Can Institutions Resolve Ethnic Conflict", *Economic Development and Cultural Change*, Johannes Jütting, Institutions and development: a critical review, *Technical paper* n° 210, Paris, OCDE, July 2003.
36. Efendic A., Pugh G. et Adnett N. (2010), «Institutions and economic performance: A meta-regression analysis», *European Journal of Political Economy* 27 (2011).
37. El Morchid, B., 2010, La qualité des institutions constitue-t-elle une barrière à la relance économique ? Application à un échantillon de pays africains, CODESRIA, *Conférence sur La renaissance et la relance des économies africaines*, Dar Es Salam.
38. Fosu, A.-K., 1992, Political Instability and Economic Growth: Evidence from Sub-Saharan Africa, *Economic Development and Cultural Change*, 40.
39. Girma S. et A. Shortland, 2008, The Political Economy of Financial Development, *Oxford Economic Papers*, 60 (4).
40. Gurr, T. R. 1990, "Polity II: Political Structures and Regime Change, 1800–1986", (ICPSR 9263), *Inter–university Consortium for Political and Social Research*, Ann Arbor, Michigan.
41. Gurr, T.R., K. Jaggers et W.H. Moore, 1989, Polity II: Political Structures and Regime Change, 1800–1986, *Inter–university Consortium for Political and Social Research*, Michigan.
42. Hali Edison, 2003, Qualité des institutions et résultats économiques, *Finances & Développement*, juin.

43. Hall, R.E. et C.I. Jones, 1999, « Why do Some Countries Produce So Much More Output Per Worker Than Others? », *Quarterly Journal of Economics*, vol. 114(1).
44. Haque, U. N., D. Mathieson and S. Sharma. 1997. « Causes of Capital In.ows and Policy Responses to Them», *Finance et Development*, Vol.34, No1.
45. Hausmann, R.; Pritchett, L.; et Rodrik, D., 2004, "Growth Accelerations." *NBER Working Paper* No. 10566. Cambridge: National Bureau of Economic Research.
46. Helliwell, J.F., 1993, International Growth Linkages: Evidence from Asia and the OECD, in Ito et Kreuger eds, *Macroeconomic Linkage*, University of Chicago Press.
47. Helliwell, J.F., 1994, Empirical linkages between Democracy and Growth, *British Journal of Political Sciences*, Vol.24, n°2.
48. Hellman, J. et D. Kaufmann, 2001, La captation de l'Etat dans les économies en transition : un défi à relever.
49. Jerzmanowski M., 2006, Empirics of Hills, Plateaus, Mountains, and Plains: A Markov- Switching Approach to Growth, *Journal of Development Economics* 81(2).
50. Jeune Afrique, 2009, L'Afrique selon Kouchner.
51. Johnson, S.; McMillan, J.; et Woodruff C., 2002, Property Rights and Finance, *American Economic Review* 92 (5): 1335-56.
52. Kaufmann, D. & A. Kraay, 2008, Governance Indicators: Where Are We, Where Should We Be Going?, *World Bank Research Observer*, vol. 23(1).
53. Kaufmann, D., A. Kraay et M. Mastruzzi, 2008, Governance Matters VII: Aggregate and Individual Governance Indicators, 1996-2007, *World Bank Policy Research Working Paper* no. 4654.
54. King R. G. et Levine R., 1993, Finance Intermediation and Economic Development in *Financial Intermediation in the Construction of Europe*, Eds : C. Mayer and X. Vives, London: Centre for Economic Policy Research, 156-189.
55. Knack, S. and P. Keefer, 1995, "Institutions and Economic Performance: Cross Country Tests Using Alternative Institutional Measures", *Economics and Politics*.

56. Knutsen, C.H., 2012, Democracy, State Capacity, and Economic Growth, *World Development* Vol. 43, 2013. http://dx.doi.org/10.1016/j.worlddev.2012.10.014
57. Komlan Fiodendji, 2006, La qualité des institutions et les investissements directs étrangers en Afrique subsaharienne: une estimation par la méthode des moments généralisés en système, in *DIAL/PEP*, Paris.
58. Kunal-Sen, 2013, The Political Dynamics of Economic Growth,*World Development Vol.* 47.
59. La Porta, R., F. Lopez-De-Silanes, A. Shleifer & R.W. Vishny, 1998, « Law and Finance », *Journal of Political Economy*, vol. 106(6).
60. La Porta, R., F. Lopez-de-Silanes, A. Shleifer and R. Vishny, 1998, "The Quality of Government", *Harvard Institute of Economic Research Working Papers* 1847, Harvard Institute of Economic Research, Cambridge, MA.
61. La Porta, R., Lopez-de-Silanes, A. Shleifer et R. Vishny, 1998, Law and Finance, *Journal of Political Economy*, CIV.
62. Law S. H. & Azman-Saini W., 2008, "The Quality of Institutions and Financial Development", *MPRA Paper*, (12107).
63. Law S. H. et Habibullah M., 2009, "The determinants of Financial Development: Institutions, Openness and Financial Liberalization", *South African Journal of Economics,* 77 (1).
64. Levine R. et Renelt D., 1992, "A Sensitivity Analysis of Cross Country Growth Regressions", *American Economic Review*, 82(4).
65. Levine, R., 1997, Financial Development and economic Growth: Views and Agenda, *Journal of Economic Litterature*.
66. Mabi Mulumba, 2008, la pratique de la corruption dans les entreprises publiques en République démocratique du Congo, in *les Institutions financières internationales et la pratique de la corruption en République démocratique du Congo*, Ed. Cepas, Kinshasa.
67. Mauro, P., 1995, Corruption and Growth, *Quarterly Journal of Economics*, 110(3).

68. Ménard C., 2003, L'approche néo-institutionnelle : des concepts, une méthode, des résultats", *Cahiers d'économie politique*, N° 44.
69. Minea A. et Villieu P., 2010, Développement financier, qualité institutionnelle et croissance : un modèle simple avec effets de seuil, *Région et Développement*, 32.
70. Moers L. 1999, "Growth empirics with institutional measures and its application to transition economies: A survey". <http://www.tinbergen.nl/discussionpapers/98126.pdf>.
71. Murdoch, J.-C. et Sandler, T.S., 2001, Economic Growth, Civil Wars, and Spatial Spillovers, *Mimeo*, University of Southern California.
72. Nshue M. et Boendi L., 2015, Dividendes socioéconomiques de la paix et de la stabilité politique en RDC in *Revue congolaise de politique économique*, Kinshasa.
73. Olson, M., 1993, Dictatorship, Democracy, and Development, *American Political Science Review*, 87.
74. Persson, T. et L.E.O. Svensson, 1989, Why a stubborn Conservative would run a Deficit : Policy with Time – Inconsistent Preferences, *The Quarterly Journal of Economics*, Vol. 104, n°2, may.
75. Przeworski A. et Limongi F., 1993, « Political regimes and economic Growth», *Journal of Economic Perspectives*, N° 7(3).
76. Rodrick, D., 1999, "Institutions for High Quality Growth: What They Are and How They Affect Growth", *Paper prepared for the International Monetary Fund Conference on Second-Generation Reforms*, Washington, D.C., 8-9 November 1999.
77. Rodrik D. (2005), "Growth Strategies." In P. Aghion and S. Durlauf (eds.) *Handbook of Economic Growth*, Amsterdam: North-Holland.
78. Rodrik, D, A. Subramanian and F. Trebbi 2002, "Institutions Rule: The Primacy of Institutions over Integration and Geography in Economic Development", *IMF Working Paper*, WP/02/189, International Monetary Fund, Washington, D.C.

79. Rodrik, D. 1997, « TFPG Controversies, Institutions, and Economic Performance in East Asia», *Document de travail* no 5914 du NBER.
80. Rodrik, D. and al. 2002. « Institutions Rule: The Primacy of Institutions over Geography and Integration in Economic Development», *NBER Working Paper* 9305.
81. Sachs, J. D. 2003. « Institutions Don't Rule: Direct Effects of Geography on Per Capita Income», *NBER Working Paper* 9490 (Cambridge, Massachusetts: NBER).
82. Sachs, J., 2003, "Institutions Don't Rule: Direct Effects of Geography on Per Capita Income", *NBER Working Paper*, No. w9490, February.
83. Singh R. J., Kpodar K. and Ghura D., 2009, "Financial Deepening in the CFA Franc Zone: The Role of Institutions", *IMF Working Paper* WP/09/113.
84. Stiglitz J., 1998, « Redefining the Role of State: What should it do? How should it do it? And how should these decisions be made?" *Paper presented at the Tenth Anniversary of MITI Research Institute*, Tokyo, March.
85. Svenson, J., 1998, Investment, Prosperity Rights and Political Instability: Theory and Evidence, *European Economic Review*, n°42.
86. Tshiunza Mbiye et Batamaba Balembu, 2008, Les entreprises privées face aux pratiques de la corruption en République démocratique du Congo, in *Les Institutions financières internationales et la pratique de la corruption en République démocratique du Congo*, Ed. Cepas, Kinshasa.
87. Williamson, O.E., 2000, "The New Institutional Economics: Taking Stock, Looking Ahead", *The Journal of Economic Literature*.

C. Rapports

1. Assemblée Nationale, Rapport de la Commission chargée de l'examen de conventions conclues pendant les guerres, Kinshasa, 2003.

2. Assemblée Nationale, Rapport de la Commission sur le pillage des ressources en RDC de 1998-2003, Kinshasa, 2005.
3. Assemblée Nationale, Rapports des travaux de la Commission chargée de l'examen de la validité des conventions à caractère économique et financier, Kinshasa, 2003.
4. Banque Centrale du Congo, 2000, Rapport annuel, Kinshasa.
5. Banque mondiale, 1991, Rapport sur le développement dans le monde. Le défi du développement.
6. Banque Mondiale, 1997, Rapport sur le développement dans le monde. L'Etat dans un monde en mutation, Washington.
7. Banque mondiale, 2002, Rapport sur le développement dans le monde. Des institutions pour les marchés, Washington.
8. Banque mondiale, 2006, Rapport sur le développement dans le monde, équité et développement, Washington.
9. Cour des Comptes/RDC, 1998, Rapport annuel, Kinshasa.
10. FMI, 2008, Perspectives économiques régionales : Afrique subsaharienne, Fonds monétaire international, Washington.
11. Gouvernement de la RDC, 2007, Programme gouvernemental 2007-2011, Kinshasa.
12. PNUD, 2004, Rapport annuel sur le développement humain. La liberté culturelle dans un monde diversifié, Paris, éd. Economica.

D. Travaux et autres documents

1. Bito Batomba, 1999, Fiscalité et vie financière des entreprises au Congo, Conférence-débat, UNIKIN.
2. Bongoy Mpekesa, 2004, Finances, Stabilité et Croissance Economique, UNIKIN, Kinshasa.
3. Cadre Assistance Pays (CAP), Novembre 2007. Discours d'investiture du Président Joseph Kabila et le programme du Gouvernement.
4. Copirep, 2005, Reclassement des entreprises publiques, Rapport final, Kinshasa, juillet.
5. Encyclopédie Universelle, 2007, «Chiffres du monde», édition Carole Fouiller, Espagne.

6. Journal Officiel de la République Démocratique du Congo, 2006, Constitution de la République Démocratique du Congo, 47ème année, numéro spécial, Kinshasa, 18 février.
7. Kabuya Kalala, 2005, Macroéconomie, Cours du DEA, UNIKIN, Kinshasa.
8. Kabuya Kalala, 2005, Programmation Budgétaire, Cours du DEA, UNIKIN, Kinshasa.
9. Kamerhe Vital, 2009, Discours d'ouverture de la session ordinaire de mars 2009.
10. Kankwanda Mbaya, 2007, Comprendre le développement humain, Notes de cours du DEA, UNIKIN, Kinshasa.
11. Matata Ponyo, 2005, La problématique d'une politique budgétaire expansionniste en RDC, Travail pratique de DEA, UNIKIN, Kinshasa.
12. Matata Ponyo, 2005, Problématique de l'efficacité de la politique budgétaire expansionniste en RDC, FASEG, Kinshasa.
13. Musa Mundedi, 2000, Théories et doctrines économiques, cours de Licence, Faculté d'Economie, UNIKIN, Kinshasa.
14. Ometa Ohandjo, 2003, Fiscalité congolaise : facteur d'accélération ou de blocage de la reconstruction et du développement national, Mémoire de licence à l'UNIKIN, Kinshasa.
15. Poirson, H., 1998, Essais en Economie de la Croissance et du Développement, Thèse de Doctorat, Ecole des Hautes Etudes en Sciences Sociales.
16. Tsasa Vangu, J.P., 2009, Analyse de la relation guerre et croissance économique en RDC, Mémoire de licence, UPC/Département des Sciences Economiques, Kinshasa.
17. Tshibombi Leta, 2000, Nécessité d'un taux élevé d'accumulation interne du capital et le cercle vicieux de la pauvreté : un dilemme pour la RDC, Mémoire de licence, Faculté des sciences économiques, UNIKIN, Kinshasa.

E. Liens Site Web

1. htt://www.ac-versailles.
2. http://fr.wikipedia.org /wiki, Ecole néoclassique, 2008.

3. http://fr.wikipedia.org/wiki/croissance « la croissance économique sur le fil de rasoir », 2008.
4. http://fr.wikipedia.org/wiki/état.
5. http://fr.wikipedia.org/wiki/système-politique.
6. http://fr/PEDAGOGI/ses/CPGE/travaux/collesCorot/CF1.htm, Les économistes classiques face à la croissance.
7. http://pagesperso-orange.fr/claude.beck, les grands objectifs de la Politique économique, 2004.
8. http://wikipedia.org/wiki/amartya_sen, l'économie du développement.
9. http://wikipedia.org/Wiki/Minist/Ministère Fédéral de l'économie allemande
10. http://www.digitalcongo.net/Recensement des agents et fonctionnaires de l'Etat.
11. http://www.geocities.com/bureaupolitiquefsd/signature, Accord global et inclusif sur la transition en RDC.
12. http://www.laconscience.com / Les contrats miniers : tous léonins, 2008, Kinshasa.
13. http://www.parlement–rdc.org/assemblée/sommaire/Assemblée Nationale, 2008.

Annexes

Tableau A.1. Liste des gouvernements de la RDC de 1960 à 2008

Gouvernement	Premier Ministre ou équivalent	Appartenance politique	Début du mandat	Fin du mandat
Première République (1960-1967)				
Présidence de Joseph Kasa-Vubu (1960-1965)				
Gouvernement Lumumba	Patrice Lumumba	MNC	30 juin 1960	12 septembre 1960
Gouvernement Iléo	Joseph Iléo	MNC-Kalonji Conscience africaine	12 septembre 1960	19 septembre 1960
Collège des commissaires généraux	Justin Bomboko	UNIMO	19 septembre 1960	9 février 1961
Gouvernement Iléo II	Joseph Iléo	MNC-Kalonji Conscience africaine	9 février 1961	2 août 1961
Gouvernement Adoula	Cyrille Adoula	-	2 août 1961	10 juillet 1964
• **Remaniement**			11 juillet 1962	18 avril 1963
• **Remaniement**			18 avril 1963	10 juillet 1964

Gouvernement Tshombe	Moïse Tshombe	CONAKAT	10 juillet 1964	18 octobre 1965
Gouvernement Kimba	Évariste Kimba	BALUBAKAT	18 octobre 1965	28 novembre 1965
Deuxième République (1965-1997)				
Présidence de Joseph-Désiré Mobutu (1965-1997)				
Gouvernement Mulamba	Léonard Mulamba	-	28 novembre 1965	25 octobre 1966
Conseil exécutif	-	-	25 octobre 1966	17 décembre 1966
• **Remaniement**			17 décembre 1966	5 octobre 1967
• **Remaniement**			5 octobre 1967	16 août 1968
• **Remaniement**			16 août 1968	5 mars 1969
• **Remaniement**			5 mars 1969	1er août 1969
• **Remaniement**			11 juillet 1969	18 avril 1973
Conseil exécutif	Mpinga Kasenda	MPR	6 juillet 1977	6 mars 1979
Conseil exécutif	Bo-Boliko Lokonga	MPR	6 mars 1979	27 août 1980
Conseil exécutif	Nguza Karl-I-Bond	MPR	27 août 1980	23 avril 1981
Conseil exécutif	N'singa Udju	MPR	23 avril 1981	5 novembre 1982
Conseil exécutif	Kengo Wa Dondo	MPR	5 novembre 1982	31 octobre 1986
Conseil exécutif	-	-	31 octobre 1986	27 janvier 1987
Conseil exécutif	Mabi Mulumba	MPR	27 janvier 1987	7 mars 1988
Conseil exécutif	Sambwa Pida Bangui	MPR	7 mars 1988	26 novembre 1988
Conseil exécutif	Kengo wa Dondo	MPR	26 novembre 1988	4 mai 1990
Gouvernement Lunda Bululu	Lunda Bululu	MPR	4 mai 1990	1er avril 1991

Gouvernement Lukoji	MulumbaLukoji	MPR	1er avril 1991	29 septembre 1991
Gouvernement Tshisekedi I	Étienne Tshisekedi	UDPS	29 septembre 1991	1er novembre 1991
Gouvernement Mungul Diaka	Mungul Diaka	RDR	1er novembre 1991	25 novembre 1991
Gouvernement Karl-I-Bond	Nguza Karl-I-Bond	UFERI	25 novembre 1991	15 août 1992
Gouvernement Tshisekedi II	Étienne Tshisekedi	UDPS	15 août 1992	18 mars 1993
Gouvernement Birindwa	Faustin Birindwa	UDPS	18 mars 1993	14 janvier 1994
-	-	-	14 janvier 1994	6 juillet 1994
Gouvernement Wa Dondo	Kengo Wa Dondo	UDI	6 juillet 1994	26 février 1996
• **Remaniement**			26 février 1996	24 décembre 1996
• **Remaniement**			24 décembre 1996	2 avril 1997
Gouvernement Tshisekedi III	Étienne Tshisekedi	UDPS	2 avril 1997	9 avril 1997
Gouvernement de Salut National	Likulia Bolongo	-	9 avril 1997	19 mai 1997
Gouvernement de Salut Public (1997-2003)				
Présidence de Laurent-Désiré Kabila (1997-2001)				
Gouvernement de Salut Public	-	-	22 mai 1997	8 juin 1997
• **Remaniement**			8 juin 1997	juillet1997
• **Remaniement**			juillet1997	4 janvier 1998
• **Remaniement**			4 janvier 1998	15 mars 1999

• Remaniement			15 mars 1999	janvier2001
Présidence de Joseph Kabila (2001-2003)				
Gouvernement de Salut Public	-	-	janvier2001	30 juin 2003
Gouvernement de Transition (2003-2006)				
Présidence de Joseph Kabila (2003-2006)				
Gouvernement de Transition	Jean-Pierre Bemba ; Azarias Ruberwa ; Abdoulaye Yerodia et Arthur Z'ahidi Ngoma	MLC ; RCD ; PPRD et Opposition	30 juin 2003	11 juillet 2004
• Remaniement			11 juillet 2004	3 janvier 2005
• Remaniement			3 janvier 2005	17 février 2005
• Remaniement			17 février 2005	18 novembre 2005
• Remaniement[5]			18 novembre 2005	24 mars 2006
• Remaniement			24 mars 2006	10 octobre 2006
• Remaniement			10 octobre 2006	6 décembre 2006
Troisième République (2006 à ce jour)				
Présidence de Joseph Kabila				
Gouvernement Gizenga	Antoine Gizenga	PALU	5 février 2007	27 novembre 2007
• Remaniement			27 novembre 2007	26 octobre 2008
Gouvernement Muzito	Adolphe Muzito	PALU	26 octobre 2008	19 février 2010
• Remaniement			19 février 2010	11 septembre 2011

• Remaniement			11 septembre 2011	6 mars 2012
(intérim du Premier Ministre)	Louis Koyagialo	PPRD	07 mars 2012	18 avril 2012
Gouvernement Matata	Matata Ponyo	PPRD	18 avril 2012	07 décembre 2014
Remaniement			07 décembre 2014	-

Source : Adapté à partir de Wikipédia.

Tableau A.2. Evolution structurelle de l'économie congolaise de 1985 à 2014

Année	PIB aux prix courants (millions USD)	Population (en millier)	PIB en indices (1985 = 100)	Taux de croissance économique	Taux de croissance démographique	RNB/habitant, méthode Atlas (USD courants)	RNB en indices de base 1985 = 100	Structure du PIB (%)		
								Agriculture	*Industrie*	*Service*
1985	7125	29.986	100,00	0,5	2,72	270	100,00	31,00	42,00	27,00
1986	7461	30.829	104,73	4,7	2,81	260	96,30	30,00	43,00	27,00
1987	7660	31.722	107,53	2,7	2,89	250	92,59	29,00	39,00	32,00
1988	7704	32.689	108,14	0,6	3,05	260	96,30	31,00	39,00	31,00
1989	7599	33.763	106,67	-1,4	3,29	250	92,59	34,00	38,00	31,00
1990	7100	34.963	99,66	-6,6	3,55	240	88,89	38,00	19,00	47,00
1991	6502	36.309	92,21	-7,5	3,85	200	74,07	47,00	28,00	44,00
1992	5821	37.784	82,54	-10,5	4,06	210	77,78	56,00	22,00	31,00
1993	5034	39.315	71,39	-13,5	4,05	200	74,07	56,00	22,00	22,00
1994	4839	40.804	68,63	-3,9	3,79	160	59,26	57,00	16,00	27,00
1995	4873	42.184	69,11	0,7	3,38	140	51,85	57,00	17,00	26,00
1996	4820	43.425	68,34	-1,1	2,94	130	48,15	33,55	32,64	33,81
1997	4559	44.558	64,65	-5,4	2,61	120	44,44	48,14	21,54	30,33
1998	4573	45.648	63,52	-1,7	2,45	120	44,44	47,48	20,88	31,64
1999	4496	46.788	60,82	-4,3	2,50	100	37,04	52,70	18,83	28,47
2000	4302	48.049	56,62	-6,9	2,69	130	48,15	32,33	22,66	45,01

2001	4212	49.449	55,42	-2,1	2,91	140	51,85	33,74	30,81	35,46
2002	4358	50.971	57,35	3,5	3,08	190	70,37	27,33	33,54	39,13
2003	5681	52.602	60,66	5,8	3,20	160	59,26	26,89	29,78	43,33
2004	6531	54.315	64,70	6,7	3,26	190	70,37	24,92	33,16	41,92
2005	7143	56.090	69,75	7,8	3,27	200	74,07	22,38	32,97	44,64
2006	8895	57.927	73,64	5,6	3,28	220	81,48	22,34	31,32	46,35
2007	9314	59.835	78,25	6,3	3,29	250	92,59	22,85	31,94	45,21
2008	11685	61.809	83,06	6,1	3,30	270	100,00	24,17	35,50	40,33
2009	11261	63.845	85,36	2,9	3,29	290	107,41	25,16	35,09	39,74
2010	20523	65.939	91,48	7,2	3,28	300	111,11	23,34	34,38	42,28
2011	23832	68.087	97,79	6,9	3,26	310	114,81	24,04	33,76	42,20
2012	27453	70.291	104,80	7,2	3,24	350	129,63	23,12	33,64	43,24
2013	29886	72.553	113,71	8,5	3,22	370	137,04	22,17	33,56	44,28
2014	34474	74.877	124,51	9,5	3,20	380	140,74	21,15	33,19	45,66

Source : Construit par nous sur base des statistiques de la BAD, de la Banque mondiale et de la Banque Centrale du Congo.

Tableau A.3. Evolution structurelle de la dette extérieure de la RDC de 1985 à 2014

Année	PIB au prix du marché (million USD)	Dette extérieure totale		Exportations des biens et services (millions USD)	Service de la dette (millions USD)	Service total de la dette (% des exportations des biens et services)	Dette extérieure (% du PIB)	Dette extérieure totale (% des exportations des biens et services)	Service de la dette (% du PIB)
		Million USD	Indice (1985 = 100)						
1985	7.195,02	4.960,00	100	1.979,43	300,30	15	68,94	39,91	4
1986	8.095,36	5.920,00	119	2.000,44	238,80	12	73,13	33,79	3
1987	7.681,63	7.230,00	146	1.990, 59	195,00	10	94,12	27,53	3
1988	8.861,30	6.940,00	140	2.259,54	177,40	8	78,32	32,56	2
1989	9.021,85	7.980,00	161	2.299,65	191,50	8	88,45	28,82	2
1990	9.349,76	9.900,00	200	2.758,53	137,20	5	105,89	27,86	2
1991	9.087,96	9.290,00	187	1.852,14	97,70	5	102,22	19,94	1
1992	8.206,24	8.960,00	181	1.366,64	55,70	4	109,19	15,25	7
1993	10.107,78	8.780,00	177	1.212,96	11,80	1	86,86	13,82	1
1994	5.820,38	9.290,00	187	1.316,88	0,90	0,7	159,61	14,18	02
1995	5.643,43	9.640,00	194	1.796,47	0	0	170,82	18,64	0
1996	7.240,71	9.280,00	187	1.706,95	0,10	0,01	128,16	18,39	0,01
1997	6.503,16	8.630,00	174	1.244,58	0	0	132,70	14,42	0
1998	4.757,06	9.214,35	186	1.285,09	0,00	0,00	193,70	13,95	0
1999	4.318,65	8.262,27	167	1.020,74	0,00	0,00	191,32	12,35	0

2000	4.302,70	12.608,64	254	963,46	0,00	0,00	293,04	7,64	0
2001	5.155,07	13.279,51	268	1.087,79	0,00	0,00	257,60	8,19	0
2002	5.538,91	10.772,09	217	1.329,60	412,01	30,99	194,48	12,34	7
2003	5.680,53	11.133,13	224	1.523,50	140,60	9,23	195,99	13,68	2
2004	6.491,22	11.479,13	231	2.297,70	136,33	5,93	176,84	20,02	2
2005	7.142,62	11.689,07	236	2.474,82	208,79	8,44	163,65	21,17	3
2006	8 894,59	12.228,21	247	3.143,82	310,78	9,89	137,48	25,71	3
2007	9.314,25	12.975,98	262	4.575,36	0,00	0,00	139,31	35,26	0
2008	11.685,19	13.591,21	274	5.382,69	0,00	0,00	116,31	39,60	0
2009	11.261,07	13.704,89	276	3.935,38	0,00	0,00	121,70	28,72	0
2010	20.523,29	4.570,89	92	8.944,77	0,00	0,00	22,27	195,69	0
2011	23.831,63	3.182,66	64	10.838,57	0,00	0,00	13,35	340,55	0
2012	27.452,80	3.423,85	69	9.354,06	0,00	0,00	12,47	273,20	0
2013	29.886,02	3.859,58	78	10.918,87	0,00	0,00	12,91	282,90	0
2014	34.474,28	4.272,22	86	12.343,57	0,00	0,00	12,39	288,93	0

Source : Construit par nous sur base des statistiques financières de la BAD.

Tableau A.4. Projets prévus au budget mais n'ayant bénéficié d'aucun paiement en 2003

Services/Ministères	Nbre de projets	Prévisions	Paiements
01. Présidence	5	25.653.772,00	0,00
02. Service National	3	12.277.374,00	0,00
03. Portefeuille	1	7.515.122,00	0,00
04. Chancellerie des Ordres Nationaux	1	2.147.178,00	0,00
05. Assemblée Nationale	2	18.921.253,00	0,00
06. Intérieur	2	7.301.446,00	0,00
07. Défense Nationale	1	50.941.637,00	0,00
08. Anciens Combattants	1	751.512,00	0,00
09. Economie	2	4.971.347,00	0,00
10. Finances	11	122.353.680,00	0,00
11. Budget	8	33.022.666,00	0,00
12. Plan	29	228.353.680,00	0,00
13. Reconstruction	10	31.742.308,00	0,00
14. Justice et Garde des Sceaux	2	12.460.722,00	0,00
15. Santé Publique	33	1.544.383.654,00	0,00
16. Enseignement Primaire, Secondaire et Professionnel	45	1.225.027.288,00	0,00
17. Enseignement Supérieur et Universitaire	28	1.131.970.644,00	0,00
18. Recherche Scientifique	6	11.515.231,00	0,00
19. Travaux Publics	28	2.538.836.063,00	0,00
20. Urbanisme et Habitat	6	12.813.370,00	0,00

21. Agriculture, Elevage et Pêche	8	521.329.938,00	0,00
22. Développement Rural	11	139.464.114,00	0,00
23. Industrie et PME	5	41.387.487,00	0,00
24. Mines	1	7.085.687,00	0,00
25. Hydrocarbures	1	4.297.965,00	0,00
26. Energie	20	1.112.587.319,00	0,00
27. Transport	21	198.206.783,00	0,00
28. P.T.T.	5	34.090.531,00	0,00
29. Presse et Information	6	36.944.730,00	0,00
30. Droits Humains	3	5.347.571,00	0,00
31. Affaires Foncières	2	2.369.278,00	0,00
32. Environnement	34	145.222.936,00	0,00
33. Tourisme	5	19.444.710,00	0,00
34. Culture et Arts	6	13.722.790,00	0,00
35. Jeunesse	4	34.249.788,88	0,00
36. Sport et Loisirs	4	86.386.057,00	0,00
37. Fonction Publique	1	3.836.430,00	0,00
38. Travail	23	197.447.558,00	0,00
39. Affaires Sociales	11	26.414.152,00	0,00
40. Condition Féminine et Famille	1	3.150.186,00	0,00
41. Cour des comptes	2	3.793.486,00	0,00
Total	**398**	**9.659.566.051,00**	**0,00**

Source : Rapport de la Cour des Comptes (2003).

Tableau A.5. Données utilisées pour l'analyse empirique

	Croissance du PIB/hab.	Indice de qualité institutionnelle	Investissement privé	Taux de scolarisation	Dépenses pub. (% du PIB)	Recettes pub. (% du PIB)
1980	-0.3	4	23	23	12	12.66
1981	0.3	4.3	23.7	22	9.8	7.91
1982	-3	4	18.2	22	9.9	6.89
1983	-1.2	3.6	22	22	8.3	7.64
1984	3	4	17.9	22	10.1	9.94
1985	-2.3	4	27.1	22	6.8	11.97
1986	1.9	3.5	29.2	21	8.5	10.55
1987	-0.2	4	24.2	20	8.8	10.14
1988	-2.5	3.1	20.83	23	14.8	9.79
1989	-4.6	4	12.83	21	10.3	11.34
1990	-10.1	2.6	8.2	18	12.6	10.09
1991	-11.3	1	5.32	22	21.2	5.06
1992	-14.5	3.1	6.46	22	15.2	3.13
1993	-17.6	2.3	1.73	22	16.3	4.11
1994	-7.7	2.6	4.96	24	4.3	2.65
1995	-2.7	2.9	9.3	22	4.9	4.93
1996	-4	2.6	15	24	5.7	5.42

1997	-8	2	7.6	23	6	9.31
1998	-4.2	2.3	6.4	23	8.9	8.03
1999	-6.8	2.9	8.5	20	10.6	5.01
2000	-9.6	2.5	10.7	19	7.8	3.73
2001	-5	2.6	8	19	4.8	4.73
2002	0.4	3.5	8	23	6.8	7.69
2003	2.6	4.4	9.5	24.3	10.1	9.63
2004	3.3	3.9	10	25	12.9	11.77
2005	3	2.5	10.4	26.4	9.3	8.73
2006	2	3.4	9.9	27.8	10.4	9.89
2007	3	3.8	15.9	36.2	9.8	9.18
2008	2.9	3.6	18.2	39	11.6	11.49
2009	-0.4	4.1	14	41.1	13.6	13.94
2010	3.8	4.1	15	40.9	11	11.74
2011	3.6	3.5	12.1	43.1	12.6	11.78
2012	3.9	4.1	14.2	43.3	12.5	13.96
2013	5.3	4.6	14.9	43.4	13.9	13.72
2014	6.3	5.3	15.3	44.4	13.4	13.09

Source : Elaboré par l'auteur à partir de différentes sources.

Liste des tableaux

Table des matières

Troisième partie

République démocratique du Congo
aux éditions L'Harmattan

Dernières parutions

LES BALUBA
Histoire, cosmologie et sémiologie d'un peuple bantu
Lwa Malale Lukanda ; Préface de Banza Mukalay Nsungu ; Avant-texte de Manda Tchebwa ; Postscriptum de Joseph Ibongo
Avec force images et autres illustrations, cet ouvrage présente les «traits marquants» du peuple «muluba» : son identité ethnique, son histoire, sa cosmologie, sa sémiologie et ses créations culturelles majeures. Les «Baluba», dont l'auteur révèle l'existence au-delà du deuxième millénaire avant Jésus-Christ, forment un peuple à la fois un, dans l'unité géographique et démographique, et multiple, dans la diversité des nations qui se revendiquent de sa descendance et de sa parenté culturelle : de l'Afrique centrale à l'Afrique du Sud, de l'Océan atlantique à l'Océan indien.
(Coédition CICIBA, Harmattan RDC, 26.00 euros, 232 p.)
ISBN : 978-2-343-06036-1, ISBN EBOOK : 978-2-336-38163-3

L'UNIVERSITÉ DE KINSHASA EN QUÊTE DE REPÈRES
Mawanzi Manzenza Thomas
Cet ouvrage aborde la question de la crise du renouvellement du personnel académique au sein de l'université de Kinshasa, une institution qui a connu, au cours de son évolution, à la fois le phénomène colonial, l'africanisation de ses structures et les enjeux de la mondialisation. Cette étude nous montre comment l'université s'est laissé gouverner par des pratiques de racisme et de discrimination pour le contrôle du monopole de l'autorité scientifique.
(Coll. Études africaines, 29.00 euros, 288 p.)
ISBN : 978-2-343-05092-8, ISBN EBOOK : 978-2-336-38084-1

GUERRE ET VIOL
Deux faces de fléaux traumatiques en République Démocratique du Congo
Otita Likongo Marcel
Cet ouvrage présente le contexte de survenue du traumatisme psychique, le concept de stress post-traumatique, les développements psycho-traumatiques et leurs modalités expressives. Une série d'événements traumatiques, où la population victime est toujours abandonnée par manque des structures étatiques d'encadrement et non-reconnaissance du poste de psychologue en RDC, y sont répertoriés : guerres, violences sexuelles, accidents de circulation, crash d'avion, naufrage, etc.
(Coll. Études africaines, 21.00 euros, 216 p.)
ISBN : 978-2-343-06270-9, ISBN EBOOK : 978-2-336-38098-8

RD CONGO, LE 30 JUIN 2005
Ça passe ou ça casse ?
Retour sur un épisode crucial de l'histoire congolaise
Mukalay Nsungu Banza - Préface de Camille Sesep N'Sial
«Ce texte a été publié pour la 1ère fois en juin 2005, dans un contexte de grande tension sociale et politique en RDC. Une tension liée à l'interprétation de l'article 196 de la «Constitution de la transition», portant sur la date du 30 juin 2005, censée mettre fin à la période de la «transition politique». Au moment où nous rééditons ce texte, pour la richesse de sa teneur historique, le contexte politique congolais est une fois de plus dominé par le débat constitutionnel, avec en perspective les nébulosités de l'horizon 2016...» Eddie Tambwe Kitenge
(Coll. Comptes Rendus, 14.00 euros, 129 p.)
ISBN : 978-2-343-06354-6, ISBN EBOOK : 978-2-336-37971-5

DROIT CONGOLAIS DU TRAVAIL
Masanga Phoba Mvioki Jacqueline
Préface de Célestin Nguya-Ndila Malengana
Ce manuel expose l'état de la législation et de la réglementation, de la doctrine et de la jurisprudence en matière du travail en RDC. Le regard porte sur les rapports individuels (la conclusion, l'exécution, la cessation du contrat de travail, le règlement des litiges individuels de travail) et sur les rapports collectifs (les organisations professionnelles des travailleurs et d'employeurs, les conventions collectives, le règlement des litiges collectifs de travail).
(Harmattan RDC, 31.00 euros, 302 p.)
ISBN : 978-2-343-06372-0, ISBN EBOOK : 978-2-336-38099-5

JULIEN KILANGA MUSINDE
Une parole en itinérance
Réflexions et témoignages sur un parcours intellectuel
Textes réunis par Jean-Marie Dikanga Kazadi et Emmanuel M. Banywesize
Les textes réunis dans ce collectif tentent d'objectiver l'œuvre diversifiée de Julien Kilanga Musinde. Venus des quatre coins du monde, des intellectuels et des chercheurs de divers horizons rendent hommage à cet amabassadeur de l'université et des lettres congolaises en francophonie. Par son écriture, Julien Kilanga Musinde n'a, en effet, cessé de se raconter, d'accompagner l'Université dans sa marche et de contribuer ainsi à l'humanité du monde.
(Harmattan RDC, 26.00 euros, 252 p.)
ISBN : 978-2-343-06458-1, ISBN EBOOK : 978-2-336-38153-4

CONJONCTURES CONGOLAISES 2014
Politiques, territoires et ressources naturelles : changements et continuités
Sous la direction de Stefaan Marysse et Jean Omasombo Tshonda
La toile de fond de ce volume est la question de la profondeur ou de la superficialité du changement qui se manifeste en RDC depuis plus d'une décennie. Certaines ruptures avec le passé sont manifestes mais l'enracinement profond des comportements clientélistes dans le domaine politique est de nature à fragiliser les avancées. C'est surtout dans le champ économique que les changements

sont réels. Mais cet essor économique est-il durable et signifie-t-il une rupture permanente avec le passé ?
(Coll. Cahiers Africains, 32.50 euros, 316 p.)
ISBN : 978-2-343-05981-5, ISBN EBOOK : 978-2-336-37469-7

POUR UNE RDC NOUVELLE
De l'horreur à l'aurore
Mazola Ayinepa Joseph
Plus de six millions de morts tombés dans une guerre d'invasion et de prédation en RDC. Faut-il vraiment répandre sans merci le sang des Congolais, pour exploiter leurs nombreuses ressources minières ? Doit-on continuer à rester insensibles, à multiplier discours et négociations, alors que l'ennemi gagne du terrain ? Où est allée l'élite congolaise ? Inquiet de la situation exécrable que vit le peuple, l'auteur milite pour une évolution positive de la RDC.
(Coll. Politique et dynamiques religieuses en Afrique, 24.00 euros, 242 p.)
ISBN : 978-2-343-05219-9, ISBN EBOOK : 978-2-336-36595-4

RAPPORT SUR LA THÉMATIQUE POLITIQUE
Ateliers du cinquantenaire du Parti lumumbiste unifié (PALU)
Au-delà de la forme, qui permet de dire que la RDC est un État souverain et une République, le PALU (Parti lumumbiste unifié) veut aller au fond des choses, en réfléchissant sur les attributs de la souveraineté de l'État que sont notamment la défense, la diplomatie et la monnaie. En outre, il y a lieu d'apprécier les régimes politiques connus en RDC, au regard des critères fondateurs d'une République :
- la source de légitimité des pouvoirs constituants - le mode d'accès des dirigeants au pouvoir - l'équilibre des pouvoirs entre les différentes institutions.
(Coll. Dossiers, Études et Documents, 10.00 euros, 58 p.)
ISBN : 978-2-343-06195-5, ISBN EBOOK : 978-2-336-37539-7

LA SORCELLERIE CHEZ LES DING DE LA RDC
Nkumisongo Vavi Fabiyo François-Xavier
La sorcellerie constitue une force surhumaine, une croyance et une pratique ambiguë, notamment chez les Ding de RDC. L'accent a été mis sur le rôle, le pouvoir et la position du sorcier ainsi que sur les voies d'accès et celle de sa transmission. D'autres phénomènes sont analysés tels que l'incarnation, la réincarnation, l'antisorcellerie, la science et la recherche scientifique. Sans oublier le génie créatif ou inventif propres à chaque peuple. Également liée à la religion, elle est à ce titre l'opium du peuple Ding. Elle bloque par l'envoûtement, il faut chercher à la débloquer par des mécanismes d'antisorcellerie.
(Coll. Géopolitique mondiale, 12.00 euros, 106 p.)
ISBN : 978-2-343-04505-4, ISBN EBOOK : 978-2-336-37078-1

CONVICTIONS ET ESPÉRANCES POUR LA RÉPUBLIQUE DÉMOCRATIQUE DU CONGO
Verbatim (2008-2014)
Mukalay Nsungu Banza - Préface de Manda Tchebwa
Ce livre restitue la vision de l'homme politique pour son pays au travers des «écrits et des dits». Le lecteur découvre les idées-forces du politique qui accompagne

le développement d'un secteur socioculturel de la RD Congo. Banza Mukalay Nsungu a été élu quatre fois député de Lubumbashi et ministre dans plusieurs gouvernements. Il est depuis 2012 ministre de la Culture et des Arts de la RD Congo.
(Coll. Comptes Rendus, 21.00 euros, 210 p.)
ISBN : 978-2-343-05743-9, ISBN EBOOK : 978-2-336-37101-6

MA VÉRITÉ SUR LE MARÉCHAL MOBUTU ET SUR LA TRANSITION DÉMOCRATIQUE AU ZAÏRE (1990-1997)
Mukalay Nsungu Banza - Préface de Camille Sesep N'sial
La «transition démocratique» en République démocratique du Congo aura été l'une des plus troubles, complexes et longues de tout le continent africain (1990-2006). Acteur et témoin privilégié de l'histoire politique de ces dernières décennies, l'auteur pose un regard critique sur ces années de tumulte, en interpellant la responsabilité de l'acteur politique congolais. En évoquant ses rapports privilégiés avec le maréchal Mobutu, qui lui confiera la direction de son parti, l'auteur pose aussi son jugement global sur le déroulement de la transition.
(Coll. Comptes Rendus, 16.50 euros, 162 p.)
ISBN : 978-2-343-05741-5, ISBN EBOOK : 978-2-336-37097-2

LES MOTS RÉCURRENTS DE LA TRANSITION POLITIQUE AU ZAÏRE (1990-1997)
Mukalay Nsungu Banza
Rompant avec la tradition qui confine l'étude du vocabulaire et du discours politique dans les sphères des chercheurs spécialisés, l'auteur s'intéresse ici aux mots récurrents de la période politique de la Transition (1990-1997) au Zaïre (actuelle RDC). Une période politique qui va du discours historique de la démocratisation, prononcé par le président Mobutu le 24 avril 1990, à l'avènement du président Laurent-Désiré Kabila, le 17 mai 1997. L'ouvrage constitue également une contribution à l'étude du français d'Afrique subsaharienne et spécialement de la RDC.
(Coll. Comptes Rendus, 9.00 euros, 56 p.)
ISBN : 978-2-343-05742-2, ISBN EBOOK : 978-2-336-37092-7

L'U.D.P.S. DANS L'ŒIL DU CYCLONE
La violence politique au Zaïre sous Mobutu (octobre 1985)
Mutamba Makombo Jean-Marie
Cet ouvrage relate la traque et la répression d'un mouvement d'opposition clandestin au Zaïre (R.D. Congo) sous la Deuxième République : l'Union pour la Démocratie et le Progrès Social (UDPS). L'auteur s'appuie sur les rapports d'information établis en octobre 1985 par le Corps des Activistes pour la Défense de la Révolution (CADER), qui témoignent des tribulations du petit peuple qui a souffert pour le triomphe du multipartisme et de la démocratie. Ils révèlent aussi les luttes d'influences, la lutte d'intérêts et de clans au sein du Parti unique.
(12.00 euros, 104 p.)
ISBN : 978-2-343-05729-3, ISBN EBOOK : 978-2-336-37252-5

L'HARMATTAN ITALIA
Via Degli Artisti 15; 10124 Torino
harmattan.italia@gmail.com

L'HARMATTAN HONGRIE
Könyvesbolt ; Kossuth L. u. 14-16
1053 Budapest

L'HARMATTAN KINSHASA
185, avenue Nyangwe
Commune de Lingwala
Kinshasa, R.D. Congo
(00243) 998697603 ou (00243) 999229662

L'HARMATTAN CONGO
67, av. E. P. Lumumba
Bât. – Congo Pharmacie (Bib. Nat.)
BP2874 Brazzaville
harmattan.congo@yahoo.fr

L'HARMATTAN GUINÉE
Almamya Rue KA 028, en face
du restaurant Le Cèdre
OKB agency BP 3470 Conakry
(00224) 657 20 85 08 / 664 28 91 96
harmattanguinee@yahoo.fr

L'HARMATTAN MALI
Rue 73, Porte 536, Niamakoro,
Cité Unicef, Bamako
Tél. 00 (223) 20205724 / +(223) 76378082
poudiougopaul@yahoo.fr
pp.harmattan@gmail.com

L'HARMATTAN CAMEROUN
BP 11486
Face à la SNI, immeuble Don Bosco
Yaoundé
(00237) 99 76 61 66
harmattancam@yahoo.fr

L'HARMATTAN CÔTE D'IVOIRE
Résidence Karl / cité des arts
Abidjan-Cocody 03 BP 1588 Abidjan 03
(00225) 05 77 87 31
etien_nda@yahoo.fr

L'HARMATTAN BURKINA
Penou Achille Some
Ouagadougou
(+226) 70 26 88 27

L'HARMATTAN SÉNÉGAL
10 VDN en face Mermoz, après le pont de Fann
BP 45034 Dakar Fann
33 825 98 58 / 33 860 9858
senharmattan@gmail.com / senlibraire@gmail.com
www.harmattansenegal.com

L'HARMATTAN BÉNIN
ISOR-BENIN
01 BP 359 COTONOU-RP
Quartier Gbèdjromèdé,
Rue Agbélenco, Lot 1247 I
Tél : 00 229 21 32 53 79
christian_dablaka123@yahoo.fr

Achevé d'imprimer par Corlet Numérique - 14110 Condé-sur-Noireau
N° d'Imprimeur : 131548 - Dépôt légal : septembre 2016 - *Imprimé en France*

www.ingramcontent.com/pod-product-compliance
Lightning Source LLC
LaVergne TN
LVHW011014061026
849535LV00006B/1871
9782343096629